在思考中践行

小学语文教学论文集

薛瑾 著

文化发展出版社
Cultural Development Press

· 北京 ·

图书在版编目（CIP）数据

在思考中践行 ：小学语文教学论文集 / 薛瑾著.
北京 ：文化发展出版社，2025．4．— ISBN 978-7-5142-4611-7

Ⅰ．G623.202-53

中国国家版本馆CIP数据核字第2025P0N653号

在思考中践行——小学语文教学论文集

薛 瑾 著

责任编辑：孙 烨　　责任校对：岳智勇
责任印制：杨 骏　　封面设计：孟 梦
出版发行：文化发展出版社（北京市翠微路2号 邮编：100036）
发行电话：019-88275993　019-882755711
网　　址：www.wenhuafazhan.com
经　　销：全国新华书店
印　　刷：三河市中晟雅豪印务有限公司

开　　本：710mm × 1000mm 1/16
印　　张：14
字　　数：210千字
版　　次：2025年4月第1版
印　　次：2025年4月第1次印刷

定　　价：69.80元
ISBN：978-7-5142-4611-7

目录

第一章　阅读教学策略研究

第一章　阅读教学策略研究

多元策略与文本共情

【摘要】

什么是共情，共情是一个心理学概念，最初提出的是人本主义创始人罗杰斯。共情有时也被称为同理心，是一种能设身处地体验他人处境，从而达到感受和理解他人情感的能力。当前小学语文阅读教学中，阅读策略精彩纷呈，但真正沉浸到语言文字中，完成对文本的理解，达成与作者思想的统一，激发学生的情感共鸣的策略不多。阅读过程中让学生感受故事情节与文本产生共情，与人物或角色共情，与文本叙述的情节共情，最后达成与作者的共情，在共情中，完成对语言的理解，对故事的感悟，对作者的价值认同。共情的完成不是一蹴而就，需要一定的策略来支持。本文从磋词磨句、比较回读、质疑想象、细读融情四个策略入手，展开部编版教材中高年级学生阅读共情的思考和实践。

【关键词】

多元　策略　共情　文本

一、阅读教学中共情的含义

上海师范大学教授王荣生先生认为：无论是在阅读教学之前、之中、之后，对一篇课文的理解感受，始终都是学生这一主体的理解和感受。可是作为主体的学生在阅读经历中往往很少有真正的主观感受，通常是在教师主导下囫囵吞枣般一读而过，与文本的情感无法达成共情，从而影响阅读体验。因此，在阅读教学中进行共情策略的研究是值得尝试的。

阅读教学中的共情是一种特殊的经历，是由阅读文本而引发的一种相似的情感体验，是一种结合文本设定的角色和具体情境，亲身感受其中情感变化，努力感同身受的过程。这种共情的内在表现是学生一次又一次地与文本展开精神交流、与文本的情节对话、与文本的角色对话、与作者对话，这种“共情”的外在表现是学生朗读的起伏、表达的丰富。

二、阅读教学中共情存在的意义

（一）阅读教学中的共情关系

阅读中的共情是一种多边现象，体现在师生之间、生生之间、学生与文本之间、教师与文本之间，其中构建学生与文本之间的共情关系显得尤为重要。学生与文本的共情关系指的是学生能跨越时间与空间的阻隔，设身处地进入文本之中，认同作者的态度和观点，参与作者赋予文本的情感经历，做出共情的表达。构建学生与文本之间的共情关系，往往是师生双向活动的结果，它的产生和效果的达成需要多元策略的支持。

（二）阅读课堂中共情的缺失和差异

从教师的角度而言，阅读课堂中共情的缺失主要是对教学文本价值定位的偏颇，或是被本就存在的价值观念固化和限制了思想，让文本原有的表达诉求滞后，唤不起与作者的共鸣；从学生的角度而言，阅读课堂中共情的缺失主要是他们本身的生活阅历单薄，阅读体验偏少，阅读经验相对落后，与文本的时空不一致，与作者年龄和经历的不一致，与文本情感归属有认知上的不一致。

同样，共情在阅读教学中也存在不同程度的差异，这种差异体现在教师与教师之间，不同的认知水平、不同的生活遭遇、不同的文学素养，导致教师对文本的共情存在差异；这种差异也体现在学生和学生之间，不同的家庭环境，不同的阅读能力，不同的语文知识的累积，导致学生与文本之间的共情也存在着参差不齐的情况。

（三）共情阅读课堂存在的价值

1. 提高课堂的实际效能

课堂效能的提高首先是课堂品质的提高，课堂品质包括两层含义：一是课堂品位，二是课堂质量。品位提升了质量，质量维护了品位。品质好是一堂好课追求的目标，它是师生共同作用的结果，阅读教学中要想提高课堂品质，共情法的应用能事半功倍。共情品质课堂是一个肯定学生价值的课堂，学生的价值体现为作为学生的共情主体的存在，优化了学生学习的行为，变被动为主动。共情品质课堂是课堂新模式的体现，书声琅琅、议论纷纷代替了杂沓冗长的照本宣读和一以贯之，课堂氛围的融洽和谐，是由双向对话转变为多向对话的过程，沉浸式的体验是其内涵的体现。

2. 促成学生思维的形成

2021年版《义务教育语文课程标准》总目标第四项指出：在发展语言能力的同时，发展思维，激发想象力和创造潜能。学习科学的思想方法，逐步养成实事求是，崇尚真知的科学态度。可见，现在的课堂倡导学生拥有科学的思想，有效而可触可摸的思维路径，辩证、斟酌、追问、推敲、揣摩，都是思辨课堂所拥有的思维品格，共情阅读的课堂，让学生阅读文本的同时，与文本的认知、情感达成了统一，从而在阅读思维上跳出了原有的思维定式，努力且充分地挖掘深藏在文本内的情感内涵，感受文本给予的悲欢离合，变“浅”阅读为“深”阅读。

三、基于文本特点的共性策略建构

当代著名教育改革家魏书生认为，教一篇课文的目的不是“教懂文章”，而是“教会阅读”。每一篇文本都有其独特的写作方法，或在行文结构，或在语言造诣，或在叙述视角，或在人物把握。基于文本的不同，共情的点应该是不同的，不同的共情点，运用的策略也不同。用“磋词磨句”的策略完成与角色行为的共情，用“比较回读”的策略完成与故事情节的共情，用“质疑想象”的策略完成与角色心理的共情，用“细读融情”的策略完成与作者的共情。

（一）磋词磨句——完成与角色行为的共情

《诗经》有云：如切如磋，如琢如磨，意为学问切磋要精湛。在语言文字的习得中，这样的“切磋”和“琢磨”体现在对文本的遣词造句的“磋”和“磨”。这里所指的“磋词磨句”就是站在角色的角度，通过抠挖刻画角色的关键语句去共情。共情时先理解词语在句子环境中的含义，然后逐个推敲词语在这样的语言环境中的作用，接着与角色移情换位，尝试运用角色的行为去感知角色本身，最后产生与文本角色行为的共鸣。

部编版教材四年级第一学期屠格涅夫的《麻雀》表现了老麻雀伟大的母爱，带着学生咀嚼描写小麻雀和猎狗的语句，磋磨用词的精妙，从而完成与猎狗和小麻雀两个形象的共情，让课堂有了别样的光彩。

案例一：

师：你从哪里读到了猎狗很灵敏呢？站在猎狗的角度，去找找那些描写它动作的词，再思考一下。

生：我从“放慢脚步”读到很谨慎、很灵敏，因为当它发现前面有猎物的时候就“放慢了脚步”。

师：你再看看，如果你就是那只灵敏而又谨慎的猎狗，此时此刻你没有“向前走”而是“悄悄向前走”，这是为什么呢？

生：因为“我”不想被猎物发现啊？而“向前走”就是走，“悄悄地”有不要被别人发现的意思。

在这个案例中，老师抠挖了“放慢脚步”和“悄悄地向前走”两个短语来磋磨，而后又带词入句，引导学生来研句，研磨中学生完成与“猎狗”的移情换位，不由自主地浸润在当时的情境之中，“身临其境”的读句让学生产生了“猎狗”行为的共鸣。

（二）比较回读——完成与故事情节的共情

比较阅读就是指把内容或形式相近的或相对的一组文章放在一起，对比着进行阅读。共情中的比较阅读，首先是进入故事设定的情节，然后处于旁观者的立场，通过比较法阅读，或咀嚼故事片段中角色对于不同事物的不同态度，或咀嚼故事片段中角色对于事物前后差异的不同态度。在比较中反复回读，在回读中深入比较，比较回读让我们与情节共情，达到与情节共生的效果。

部编版教材三年级第二学期第二单元《鹿角和鹿腿》一文是一则寓言故事，在阅读文本第5~7自然段的时候，运用“比较回读”来共情的策略，让学生浸润在文本给予的情节之中，和小鹿一起与当时的情节共生，让课堂精彩纷呈，与情节共存。

案例二：

师：读读课文的第5~7自然段，读的时候，可以把自己当作在场的旁观者，这样就能把当时的“危急”读出来。

（学生朗读）

师：说时迟那时快，狮子就要追上小鹿了，此时此刻，你就在一旁，说说自己的感受。

生：鹿角真没用，真麻烦……还是鹿腿有用，可以帮助小鹿逃过狮子的追捕。

师：读读第1~4自然段中小鹿对角和腿态度的句子，你当时也在场哦，读出你的感受。

（学生朗读）

师：你把第1~4段和第5~7段放在一起比较着读读，如果你就是小鹿，你为什么在不同的情境中，对鹿角和鹿腿的评价是不一样的呢？

（学生比较朗读）

生：面对危险，鹿角和鹿腿的作用完全不同，所以小鹿的态度发生了改变。

在这个案例中，老师让学生处在旁观者的立场，通过比较回读的方法，读出了小鹿对“角”和“腿”两者的不同态度，又读出了小鹿在经历灾难前后对“角”和“腿”两者的截然不同的态度，在反复比较阅读的经历中，学生与故事情节达成了共情，共情中与情节共存。

（三）质疑想象——完成与角色心理的共情

质疑、析疑、解疑是一种常见的阅读策略，共情中的质疑、析疑、解疑是尝试把阅读的原点聚焦于阅读环节的某一个难点上，先抓住能够突破的关键词提出一两个问题，然后通过合理合情的想象去展示角色内心的独白，在探究摸索其内心世界的同时来分析和解答问题，于分析和解答的经历中，难点迎刃而解，角色

的特点跃然纸上。

部编版教材四年级第一学期《一个豆荚里的五粒豆》一文是这个单元的首课，这个单元的语文要素是“质疑”，把“质疑”和“共情”相联系，走进角色的内心世界一探究竟，也能够把文本读透彻、读细腻，读出精彩。

案例三：

师：读读第9~12段，最后一粒豌豆正好钻进一个长满了青苔的裂缝里。青苔把它裹了起来，它躺在那儿真可以说成了一个囚犯。读到这里，你抓住“囚犯”一词，有什么问题想问吗？

生：为什么说小豌豆在青苔的裂缝里就成了一个囚犯呢？

师：大家提的问题都不错，让我们走进小豌豆的内心世界，说说它是怎么想的呢？

生1：小豌豆会想，我被留在了长满了青苔的裂缝里，完全失去了自由，就像一个囚犯一样啊！

生2：小豌豆会想，四周都是青苔，我在里面不能动了，就是一个不折不扣的囚犯呀！

生3：小豌豆会想，这里挤得很，我动弹都动弹不了，就像一个被捆起来的囚犯呀！

师：你看看，根据课文里面的句子，在不懂的地方质疑，然后再尝试着走进角色的内心世界探究一番，我们就能把文章读得更明白了。

在这个案例中，质疑是一种驱动，老师通过引导学生对句子中“囚犯”一词进行质疑，激发和驱动了学生探究小豌豆内心世界的欲望，在推测小豌豆内心世界的同时，充分分析和解答了小豌豆为什么会觉得自己成为“囚犯”的原因，在尝试独白小豌豆内心世界的过程中，学生与小豌豆共情，在角色立场的感召下，读懂了文本句子的含义。

（四）细读融情——完成与作者情感的共情

王国维在《人间词话》里写道：一切景语皆情语。处于文本表达之下的是作者的情感归属。张莉红在《共情式教学：提高阅读教学质量的有效途径》一文中将阅读教学中的“共情”界定为教师引导学生主动地将自己的感觉、思想、情感、意志等生命活动移入文本之中，感作者之所感，思人物之所思。“细读融情”的共情策略就是把学生和作者合二为一，在文本的字里行间细读潜行，感受作者的笔触，触摸作者的情感，达到感作者之所感的情感境界。

部编版教材三年级第二学期《父亲、树林和鸟》一文体现父亲对自然之爱。父亲对鸟的习性的清晰，对鸟的观察的仔细，爱鸟之深都隐藏在文本的字里行间。文章的第一段这样写道：父亲一生最喜欢树林和鸟。简单的一句话，却深藏着无尽的情感，“融情”于文本的细读品赏之间，就能走进作者的情感世界。

案例四：

出示一：1.父亲喜欢树林和鸟。2.父亲最喜欢树林和鸟。3.父亲一生最喜欢树林和鸟。

师：“喜欢”和“最喜欢”有什么区别？

生：程度不一样，最喜欢就是唯一吧！

师：“一生”是什么意思？

生：一辈子。

师：这句话，作者要表达的意思是？

生：我的父亲一辈子最喜欢的就是树林和鸟。

师：“一辈子最喜欢”和“最喜欢”又有什么区别？

生：时间上不一样，喜欢一样东西可以是短暂的一时兴趣，但是要一辈子喜欢一样东西就难了，说明了父亲是真爱！

师：你现在站在作者的立场上，你再想一想作者想要表达的是什么？

生：我的父亲一辈子最喜欢的就是树林和鸟。

生：我的父亲一辈子对树林和鸟的喜欢没有停止过。

生：没有什么东西可以替代树林和鸟在我的父亲心中的位置。

师：是呀，短短的一句话，用词不多，但是作者的情感深藏其中。

在这个案例中，老师从一个简单的句子入手，旨在用共情法从简单的语句中品味出不简单的情感。细读并不是毫无抓手的，而是关注了句子中的两处细节："一生"和"最喜欢"。师生一起反反复复斟字酌句，细微中琢磨着不一样的表达效果，如剥笋一般，一层又一层地"融"情感于词语和句子之间，徐徐地体会作者深藏其中的情感，在作者的情感之中共情，与句子和文本融为一体。

四、结语

一堂好课应该是师、生、文相互共生、合而为一的整体，阅读教学的效能体现在此三者的共同受益：教师教而得法，学生学而生慧，文本不言而喻。共情式阅读教学，是达到教学最优化境界的手段，它作用于课堂本身，对课堂多元价值的体现有着一定的催化作用。当然，因为文本各自的表达方式不同，共情法应用的策略也可以是不同的，"磋词磨句""比较回读""质疑想象""细读融情"，不同的策略适用于不同的文本。让"共情"成为阅读文本的最佳状态，在这个状态里，学生与文本人物完成对话，与语言文字融合切磋，与作者的情感交错编织，让文本不再是就教学而教学的载体，让它"活色生香"起来，让课堂教学成为学生一次鲜活灵动的经历。

参考文献

[1] 王荣生．语文学科理论基础 [M]. 北京：教育科学出版社，2018.

[2] 董蓓菲．语文教学心理学 [M]. 北京：北京大学出版社，2015.

[3] 张莉红．共情式教学：提高阅读教学质量的有效途径 [J]. 小学教学参考，2010.

从“画意”到“语意”探寻阅读教学之美

【摘要】

小学语文阅读教学的课堂，需要运用多元的策略，让学生充分浸润在文本中，体会语言美，培养审美能力。笔者认为，阅读策略的研究有时可以和“美学”相联系，这种跨越文化和学科的大胆尝试可以让课堂成为一种艺术而存在。阅读教学“绘画”艺术的结合要顺应文本的需求，不同的文本用不同的“绘画”策略去呈现，当然，所有策略的指向是一致的，那就是课堂的实践效能的提升、学生的语文核心素养的提高。

【关键词】

画意 语意 阅读教学

一、文学作品与“美学”的关系

朱光潜先生是我国现代著名的文学理论家，他十分关注文学中有关“形式”的问题，他通过对“形式”问题的阐释来彰显文学作品的艺术特征。朱光潜先生的文学形式观体现了他对于现代性审美方面的诉求。他作为中国现代美学学科的泰斗级人物，其地位是毋庸置疑的。当我们将文学研究的视角从美学转移时，发现他的文学思想也特立独行。因为朱光潜先生的美学思想和他的文学理论息息相美，他在“美学实践时期”的著作也被画上了文学的标记。

文学审美论在中国文学理论史中具有悠久的传统且影响深远。无论是《诗经》“美孟姜也”中对人物外形美的赞叹，《论语》“子谓韶，尽美矣，未尽善也”中对个人品德美的问询，还是刘邵的《人物志》中对人的外貌和气质的综合品评，都体现出了中国人很早就形成的对美的感性认识和价值追求。汉代许慎所著的《说文解字》一书释“美，甘也。从羊，从大”，则从文字训诂的角度对美进行了初步的理论分析和学术表达。

闻一多先生曾经在他的《先拉飞主义》里提到：有意地用文学来作画，用颜料来作诗……他的诗作中就有许多与美学碰撞而产生的火花。文学作品有音乐美、绘画美、情感美、语言美与建筑美，这些美体现在以各种体裁的文学作品之中，无论是小说还是散文，抑或是诗歌，多元的“美”让文学作品熠熠生辉。读者在欣赏文学作品时，是在完成一次又一次与语言文字之间的交流，这种交流从初始的简单阅读，到情感渗透以后的逐渐浸润，再到角色感染后的意识带入。阅读中，读者可以从字里行间感受美、欣赏美，甚至是创造美。

二、阅读教学中的“美学”渗透

今天，当我再一次审视自己的课堂教学，咀嚼每一篇范文作品时，我的脑海里也与美学碰撞有了如闻一多先生一样的火花。语言文字的习得，为什么不可以是美学与文学的碰撞，而后积淀成另一种崭新的审美形式呢？既然文学作品的本身就有一种被称为“绘画美”的审美体验，为什么不能让这种绘画美衍生到足以让学习鉴赏者的心灵得到美的熏陶呢？

我理解的阅读教学中的“美学”渗透与一般意义上的补有所甄别，它不仅是让学生在学习过程中感受文学作品本身所带来的美感的享受，更多的是通过教师参与教材中某一个教学内容的涂鸦或简笔画的“艺术”行为，让学生体悟文本中语言文字所含有的深刻语言价值和语言含义，即通过浅显易懂的“素描”手法来勾勒文本相应的内容，用简单生动的“画意”帮助学生浸润到文本之中，从而领略文本特有的“语意”，这个学习经历是充满意趣的过程。小学语文教材里，有不少的文本值得我们去尝试由“画意”到“语意”的实践，比如，可以选择一篇适切的文本，选择一个教学过程中的难点，抑或一个你觉得的亮点，用绘画的方法、创设意境、突破难点、重现文本，完成作品的二次创作，直到学生读懂文本。笔者就以下几个案例做一番剖析。

三、阅读教学中“画意”和“语意”的融合

（一）画《天窗》——说文解字

以“画意”解“语意”所依据的每一篇文本的内容是多元的，但全景绘画居少，大多是依据文本的某一个部分绘制局部，有的是在文章的初始，有的是在文本的中间。《天窗》一文的绘画预设用在文章的最初阶段，在导入文本时运用了“图示”的方法。

茅盾先生所写的此文，离现在学生的生活环境和年代十分遥远，从文本与读者的心理年龄的差距来看，学生读文本具有很大的难度，生活在城市里，“见多识广”的孩子们对“天窗”是陌生的，它长什么样儿？它有什么作用？为什么需要开这样一扇小小的窗……“素描图示”法，用最简洁的方式，完成了一个“说文解字”的过程。

1. 画“房”点“窗”说结构

文本一开始便说明了乡下房子的结构特点，然而这种特殊的结构特点没有直观的视觉是无法读明白的。学生对“屋面”“木板窗”等词也无法明白。于是，教师就在黑板上用白色的粉笔勾勒出一间乡下的房子，而后在房子的门前画上一排简易的木板窗，接

着，在屋顶瓦片上标示出“屋面”，最后在“屋面”上框出一扇小方洞——天窗。就这样，行文开头的三个自然段在老师的边读边画中缓缓展现在学生的面前，这样的简笔素描，在最短的时间里完成了两个概念难点的诠释：其一是乡下房子的特殊结构，其二是天窗的外形和作用。为文本以后的学习扫除了理解上的障碍。

2. 画“窗”说“窗”解词意

“窗”是画意的关键，在明确了一方天窗在整个乡下房子所处的位置以后，道明“窗”的意义和价值是整个文本的关键，“窗”浮于屋面，而且是屋面的一个“小方洞”，足见它的简易，在这样一个小方洞上乡下人用心装上一块玻璃，简单地再勾勒，用上有颜色的粉笔，让这一小块方洞在画面中凸显出来，让学生在简笔勾勒的行进中，渐渐地明白“天窗”究竟为何物以及乡下人独有的智慧的闪现。摒弃了老生常谈的阐述，不需要复杂的说教，教师的教与学生的学已经在蜻蜓点水般的“画意”融会之中完成了对文本的初识，再进入文本时就会有豁然开朗之感。

（二）画《鸬鹚》——情景再现

苏霍姆林斯基曾说过：“儿童用形象、色彩、声音来思维。”“画意”用色彩和形象来说话，让跳跃的线条把课堂教学带入鲜活的空间，师生共享的同时带来非凡的愉悦体验。《鸬鹚》一文的开始，集中写景：夕阳西照，柳丝轻拂，停驻的小船，闲适的渔人。只读文字便有如在欣赏一幅水墨画，文本语段的意境不言而喻。细读语段不难发现，交织其中的是作者由远及近，娓娓道来的语序。有节奏的语序给文本带来了韵律美。为了让学生在读文本的同时感受它的“绘画美和韵律美”，再现文本所有的情境，简笔的勾勒 又起到了切实的作用。

1. 单纯勾勒，重现景物

短短的一个语段，作者究竟展现了哪些景物呢？罗列这些景物使其有可触可摸的真实的呈现。老师可以由小湖开始，游刃手中的粉笔，从小湖到垂柳，从垂柳到小船，从小船到渔人，最后从渔人画到鸬鹚，一番来回，为的是让每一样景物不只是书中所言之物，而是让清晰的线条带着学生进入到情境之中，仿佛湖水伸手可摸，垂柳正与自己细语一般。

2. 由远及近，推动镜头

有了景物的感知，对语序的推进是一大帮助，于是，老师手中的粉笔犹如导演眼前的摄像机镜头，把每一个景物有序地徐徐地推进、展开、铺陈……待到学生再一次回到画面时，粉笔的勾勒不再是逐一点睛，而是一步步地将画面中的每一个景物依据文本的描写由远及近地勾勒，然后连成一个整体，在这个整体画面形成时，除了老师手里粉笔的舞动，还需要辅助的朗读作为呼应。就这样，朗读中勾勒，勾勒中朗读，读读画画，在不经意中学生粗浅地了解了行文由远及近的描写策略，对语言文字的理解也在不言中一气呵成。

（三）画《芭蕉花》——咬文嚼字

绘画可以是一个整体的画面——像《鸬鹚》一文的第一自然段一样；也可以是一个部分——像《天窗》中一块小小的方洞，绘画有时可以依据某一个特定的物体而绘制的一个特写。在进行《芭蕉花》一文的教学时，我在本文的第二自然段读到这样的句子……从围墙的窗口看见院子里栽着一簇芭蕉，有一株刚好开着一朵黄花……在这个句子中作者连用了三个表示数量的词——一簇、一株和一朵。量词对于第一学段的孩子来说本不是什么难点，例如对“一朵”的理解，但是对“一簇”和“一株”可能存在认知上的差异，为了保持认知的一致性，对下文的学习起到一定的铺垫作用，“绘画”又起到了一定的作用，甚至可以达成意想不到的效果。

1. 先画“一簇”

“一簇”在文中指的是芭蕉叶，叶大，几片紧紧挨在一起，自然就形成了挤挤挨挨的状态，老师用绿色的粉笔在黑板上快速地勾勒出几片大叶子，它们紧紧相拥——你挨着我，我挨着你。在画面完成的同时，帮助学生解决两个学生认知上的空白点：一是芭蕉叶长什么样？二是“一簇”这个量词的意思。

2. 再画“一株”

在有了“一簇”的基础上，老师在簇拥着的芭蕉叶上赫然画上一支长长的芭蕉枝，芭蕉枝立在芭蕉叶之上，醒目的“肢体”语言让学生立刻理解了“一株”这个量词的意思，简单地呈现，让课堂清新起来。最后，画“一朵”。紧接着“一株”之后，老师用黄色的粉笔画上一朵芭蕉花——样子像尖瓣儿的莲花。在“一簇”“一株”之后，“一朵”呼之欲出，绘画“一朵”时帮助学生解决的并不是这个量词的本身，而是文后所写的花的样子（像尖瓣儿的莲花），老师用形象的绘画手法，让学生对芭蕉花的样子一目了然。此时的黑板上已经呈现了一幅完整的画面，学生看着画儿再去读文本，咬文嚼字的同时，脑海里一定会浮现出院子里芭蕉花的画面。

四、阅读教学中“画意”和“语意”融合的价值

小学语文阅读教学中“画意”策略的运用，笔者应该不是起首，有许许多多

的老师已经做了尝试和研究。笔者的点滴所得全部来自课堂实践的每分每秒，在研究中，不断提升的是自己的实践经验。

（一）让其成为辅助教学的又一途径

有人说，在多媒体教学泛滥的今天，存在着许多跨越技术之外的困惑和迷惘：多媒体的喧宾夺主，学生的注意力转移，教师教学的华而不实……阅读教学中“画意”策略的运用与一般意义上的教学板书又有所差异，它不是完全代替多媒体，也不是在多媒体基础上的叠加，更不是对多媒体新科技的挑战。它有它自己的优势，它有属于自己的“肢体语言”和“骨骼语言”。通过这样的课堂实践，既展示了老师的智慧，也充实了学生的课堂。

（二）让其成为学生审美能力提高的台阶

《义务教育语文课程标准2022年版》中对学生语文素养的提高这样要求：义务教育阶段只设置文学阅读和创意表达，旨在引导学生在语文实践活动中，通过整体感知，联想想象，感受文学语言和形象的独特魅力，获得个性化的审美体验；了解文学作品的基本特点，欣赏和评价 语言文字作品，提高审美品位；观察、感受自然与社会，表达自己独特的体验与思考，尝试创作文学作品，与高中相比，弱化学科的结构，强化文化体验。因此，阅读教学作为一种阅读实践，是以文本为载体帮助学生提高“审美品味”，这种“审美品位”的提高依赖文学作品本身具有的有魅力的语言文字，也可以依赖于教师课堂中“审美”策略的作用。

五、结语

总之，从文学的角度呼唤审美的觉醒，在现有的语文课堂实践中是可以尝试的，甚至可以说是乐此不疲的一种师生双向奔赴。在这样的双向奔赴的学习经历中，学生和老师一起享受着课堂带来的“美”感，在融入课堂的同时提高自己的审美价值，让语言美和绘画美一起充斥心灵，感受别样的课堂滋味。

参考文献

[1] 朱光潜 . 西方美学史 [M]. 北京：人民文学出版社 , 1963.

[2] 蔡仪 . 文学概论 [M]. 北京：人民文学出版社 , 1979.

[3] 蔡仪 . 美学论著初编 [M]. 上海：上海文艺出版社 , 1982.

[4] 新时期以来文学审美论的多元建构与中国现代文论的建设 [J]. 文学评论 , 2018(6).

[5] 朱立元，张蕴贤 . 新审美主义初探：透视后理论时代西方文论的一个面相 [J]. 学术月刊 , 2018(1).

[6] 邢建昌 . 审美文论与文学的审美本质——20 世纪 80 年代以来文学审美本质论的一个反思 [J]. 中国语言文学研究 , 2015(2).

[7] 中华人民共和国教育部 . 义务教育语文课程标准（2022 年版）[M]. 北京：北京师范大学出版社，2022(1).

回环细读——擦拭文本语言的巧径

【摘要】

"文本"是一种编织体。"细读"顾名思义就是仔细地"阅读"。文学中的文本解读是把一般的文学接受或文学鉴赏活动细化和深化,这是纯文学的解读活动,我所理解的宽泛的文本细读,就是对文本深层次的"演绎和诠释",也是通过细化深入的解读对文本再演绎、再诠释的过程。小学阶段,在语文教学中进行文本细读的研究可从几个角度或者说几个途径入手,笔者的研究是从"回环的品鉴"入手,寻找一条擦拭文本语言的捷径和巧径,在研究中反复摸索,在摸索中发现研读文本语句,擦亮文本语言,的确不失为让学生学会细读的好方法。

【关键词】

回环 品鉴 细读 巧径

一、小学语文阅读教学概念的圈定

美国纽约州奥尔巴尔市小学在对"阅读"的定义中明确指出:"阅读是指人们从书面材料和文献中获取能力,是要求人们主动参与的一种复杂的主体行为。"而"阅读教学是指以培养有目的的阅读的读者,使其能够通过有效途径处理书面语言，并借助阅读的方式领会其中的意义”。著名学者田瑞云认为：“阅读是指读者从文本资料中提取意义的过程，该过程行为融合了语言、心理及文化等内容的复杂心理活动过程，读者通过阅读实现与阅读主体之间的交流，以寻求对话和理解，以构建新我的创造性活动。”《义务教育语文课程标准（2022年版》中，关于阅读的定义也有明确的指示：“阅读是指读者通过语言、文字工具来获取信息，从而能够认识世界、发展思维并获得审美体验的一种重要途径。”

二、小学语文阅读教学中“回环”细读的策略

（一）什么是“回环品鉴”细读法

在阅读教学的“围城”里举步蹒跚的从教者，历经无数次的跌打滚爬，终究摸出些门道，虽没有老舍先生摸出养花门道后的喜笑不已，却也略尝到苦涩后甘甜的滋味。要让学生如醉一般潜心品尝阅读带来的快乐与收获，领略文本赋予的美的享受，把感知深化为感悟，把感悟升华为体悟，继而与文本融为一体。

笔者所说的阅读，过去和现在是有一定的差异的：过去会把工夫花在阅读教学的表层——所谓的读懂教材，而往往忽略了通过文本教会学生真正地学会阅读策略，即把教材当作教学内容来教。这样的阅读教学，即使是郎朗上口地背诵和一字不落的记忆也只是昙花一现。而现在笔者所说的“内容”，指的是学生以文本为载体所习得的多元化的语文要素，这些单元语文要素的习得是在挖掘文本载体的同时，让学生在深入浅出中走一走，抑或在浅入深出中走一遭，与文本完成一次又一次成熟的对话，学会在文本的前前后后画一个有规则的圈，联系文本的整体和部分，回环往复地看看、读读，牵一发而动全身，一步三回头，这就是“回环品鉴”细读法，只有运用“回环品鉴”的细读法，才能真正帮助学生浸润到文本中，达到阅读的最佳化状态。下面以两个例子，谈一点拙见。

（二）“回环品鉴”细读法的实践探索

《人生的开关》一文讲述了一则富有人生哲理的故事，简短的文字，表述的却是生活中常被忽略的做人的准则，在事件的层层叙述中，作者的思绪在翻滚。成长中从无知到有知的经历，蕴藏着对人生态度的明确。对于高年级的学生而言，如这样一篇短小的哲理文章已经接触不少，然而要让学生真正进入文本，与作者对话，或是让理解化为一种真真切切的感受，最后化为自己对人生、对生活的积淀，实在是一件难事。因此，我觉得，让学生的思维维度停留在文本中，不是游离出文本的精髓，只有走一步，回一回，上下文紧密联系，环环相扣地反复品鉴，读上文而知下文，读下文而知上文，通晓全文，牵一发而动全身。读文，让思考和理解成为一个不可分割的有机整体，是学文、知文、悟文的关键。

1. 由面及点，由点及面的大回环

教材中常有这样一类文章，作者先讲述一则故事，而后引出一段富有哲理的人生格言或体会。《人生的开关》一文正是如此。

课文一开始便娓娓道来一则故事，带着回忆，作者用叙述的语言平铺直叙地讲述了自己一段人生道路中的往事，在故事收尾处引出一位哲人所说的话——人生的道路上有很多开关，轻轻一按，便把人带进光明或黑暗两种境界。此话的引出让文章闪出“哲理的火花”，文章也至此戛然而止，这句话是文章主旨的体现，由事件引出的感慨让行文更显流畅，教会学生品味此文，更是应该教会学生体会文中末尾的这句点睛之语。可是，对于人生历练尚少的学生而言，直接的感悟存在一定的难度，客观地赏析、正确的判断就更难了。因此，预设时，我尝试用先入“事”，再入“理”。由“理”生“疑”，再入“事”，了“事”之后再入“理”的回环品鉴法。

首先，先入“事”：预设的第二个环节——整体感知部分，让学生初读课文，说说课文主要讲述了一件什么事？再入“理”：在学生完成概括，教师点评以后，接着顺水推舟——每当我想起这件往事，我便会不由自主地想到一位哲人

说过的话：人生的道路上有许多开关，轻轻一按，便把人带进光明或黑暗两种境界。此句的引出顺理成章，既与行文思路相吻合，又能突出此句在全文的统领地位。其次，**由“理”生“疑”**：紧接着，抓住此句，质疑问难，学生的思维在质疑中碰撞火花，带着所问的问题（人生的开关是什么？为什么它能带我进入光明和黑暗两种境界？黑暗的境界是怎样的？光明的境界又是怎样的？）学习的激情被燃起，循着行文思路，再入“事”，读文、思索、读文、再思索，在品读中，体悟在升华，认知在加深，感触在内心定式，让理解一层层浸入，这时，就可以提炼主旨了。**最后，了“事”之后再入“理”**，再让学生品味课文最后哲人的话，此时，话中所蕴含的人生哲理变得不再深奥难懂了，学生在理解的同时完成了解疑的过程，到此为止，由“事”入手的“面”到以“理”为主的“点”完成了一个完美的循环，在这个大循环中，学生由浅入深地与文本对话同时又完成了由深至浅的理解过程，真可谓“一举多得”“获益匪浅”。

2. 选语段、挑词眼的中回环

文章的第八自然段耐人寻味，作者通过描写衣锦还乡后与张叔的一段对话，把当年的那段往事中许多不为人所知的情节，细细道来，其中让作者有了真切的体会，原来人生的“黑暗”与“光明”有时只在一念之间。读此节，回想当年，此节正是辐射到了全文，所有的疑惑和不解，所有的结局和过程都在这一刻呈现。因此，预设时我对这一节的教学处理有了明确的要求，那就是，一定要辐射到全文，让文本的精髓在这里汇集，读此节，回味上文，读此节，抓词眼提升主旨，在上下文的融会贯通中，展现作者写文章目的与主旨。

先读此节，读小节中“我”与张叔的对话，带着怀旧的情绪，带着“我”的感慨，满怀这样的情绪让学生进入文本内容，紧接着，引出对话中的关键句——张叔的一句话——你要想昧心多一点，最后会连一点也拿不到。**读句，解句**，一回上文，回味的主要内容是上文中母亲所说的话——吃了不该吃的会拉肚子。两句话有异曲同工之妙，同样朴实，同样充满意味，同样为我指明了人生的光明之路，读张叔的话，再回味母亲的话，这时对理解母亲的话又是一种升华，在二次理解的同时也是对张叔的话的理解的深化，其中的道理不言而喻。**读句，挑词，**二回上文，“我”庆幸自己的选择，在张叔的话中，我对自己当年的行为，有了正确的评价，我也庆幸当初没有听大毛的“蛊惑”，“蛊惑”一词可谓意义深刻，当年那个毛头小伙子怎会知道大毛的“循循善诱”居然是一种“蛊惑”，只有在今天，听了张叔的一番道白，才知道大毛的话语是在“蛊惑”自己，逼自己就范。对“蛊惑”一词的理解如果只是停留在教学初，不足以体会此词的真正含义，只有回过头来看往昔时，对它的理解才是最正确，最炉火纯青的。解词后，让学生回到上文，再读大毛和我的对话，这时大毛的说话语气应该停留在“蛊惑”上，那种小人的鄙夷腔，说话的油嘴滑舌，在这次朗读中要有所体现。**感悟整节**，三回上文，是的，我没有听大毛的蛊惑，所以我的人生道路是怎样的，学生会在上文的第七小节中找到答案，如果，我听了大毛的话，我的人生道路又会是怎样的呢，我会掉到很多，学生会到上文的一节至六节中找答案（也许会丢了这份好差事，也许没钱上大学，也许没有一个人再会相信“我”……）。这一系列的答案尽在上文中，到这里为止，第八节已经完成了对全文的辐射，看似结束的文本语言在这里又重新扬起，让理解在辐射中逐步完成，在完成中逐渐深化，学生在不由自主中与作者“我”融为了一体。

3. 关注细微之处的小回环

教学中，回环始终在进行，有些是可触可摸，有声有色的，有些则是在不经意中悄悄完成的，零零碎碎。可是就是这些小小的回环，小小的穿透，却让读文的学生学会了一步三回头的读文方法。

例如，教学中涉及的“好差事”一词时，学生对词语的理解只是驻足于它的词面，可是对于文本而言的“好差事”却有非同一般的作用，于是，教学中引导学生再联系上下文想想，为什么对“我”而言这是一份“好差事”？于是，学生联系上文中的相关语句，问题迎刃而解（工资高，活儿轻松，有钱便可以交学费……）。回到课文最初的部分，依据“好差事”了解到许多讯息——我的家境，事情的起因，写作的背景，等等。这个小小的回环，让学生学会向文本要答案，也读懂了文本的前因部分。又如，课文中共出现了三句耐人寻味的话：一句是娘说的话，一句是张叔说的话，还有一句是哲人所说的话。三句话所处的位置不同，三句话说话的对象不同，三句话的说话者身份地位不同，如果说理解是三分三的，逐一理解，那是一种割裂的行为，也会使理解变得支离破碎。因此，在行文教学中，关注他们三者的关系，读娘的话在表面理解，读张叔的话牵出娘的话二次理解，读娘和张叔的话深入理解后牵出哲人的话再理解，如此走一个循环，让简单的引领复杂的，让复杂的夯实简单的，三句话的理解在潜移默化中悄然完成。像这样的小循环可谓数不胜数，阅读方法也在他们的帮助下一点一滴地造就。

4. 前后比较中的大小回环

部编版教材三下第二单元多是寓言故事，寓言故事的特点就是揭露一个寓意，也就是文章需要告诉你的一个道理，从读故事，到揭示故事隐藏的道理，应该说对三年级的孩子而言还是具有一定难度的，在读文的过程中，运用“回环品鉴”的策略，让寓意的揭示变得比较轻松了，也让课堂有了厚度。例如，第七课《鹿角和鹿腿》一文，文章的前半部分写了小鹿对鹿角和鹿腿不一样的态度，这看似简单的不一样的态度，对故事寓意的揭示起到了欲扬先抑的作用，因此这一部分的教学为下文的寓意揭示做了极佳的铺垫，不容小觑。

（1）小比较小回环

教学第1~4自然段，比较小鹿对鹿角和鹿腿的不一样的态度，来回品读，嚼出两种意味：其一是对鹿角的欣赏，其二是对鹿腿的抱怨：教学中让学生画出分别描写小鹿看到自己的鹿角和鹿腿后自言自语的语句。

师：读读你画出的句子。

生：（三个孩子分别读读）。

师：能说说小鹿觉得自己的角怎么样吗？

生：很漂亮。

师：从哪里读到，它觉得自己的角很漂亮吗？

生：我从“多么”这个词读出来的。

生：还有，小鹿把自己的角比作珊瑚，珊瑚很美的，角就像珊瑚一样，说明很美。

生：我还从一个“啊”字读到的。

师：为什么？“啊”字中你也读到了没呢？

生：因为“啊”是一个感叹的语气词啊！

师：真会读书，我们一起有感情地来读读，读出小鹿内心的喜欢。想想还有哪句也能读出小鹿对鹿角的喜欢呢？

生：“咦。这是我吗？”这句也能读出来，说明小鹿简直不敢相信自己会那么美，因为鹿角实在太美了！

师：是的，你看，读读小鹿说的话，就能体会到它的内心呢！谁再来读读小鹿说自己腿的语句，你又读到了什么？

生：我感觉小鹿有点讨厌自己的腿，因为他在叹气。

生：我还读到这是一句反问句，说明小鹿觉得自己的腿太丑了，配不上自己的角。

师：你说得真好，我们来比较读读，先读读小鹿赞美自己角的句子，再读读小鹿讨厌自己的腿的句子，你还能感受到什么？

（两种不同的语气，区分鲜明地朗读，个别学生对比读，男女生分别对比读。）

生：我觉得小鹿对角和腿的态度是截然相反的，对角很欣赏，对自己的腿很不喜欢，甚至有点怨声载道。

师：是呀，通过刚才的比较读，你们读出了小鹿对角的欣赏，对腿的抱怨，这就是小鹿对角和腿不同的态度，你们真会读书。

（板书：欣赏 抱怨）

说明：第1~4自然段的教学看似碎片化地把小鹿自言自语的三个句子独立出文本进行朗读，其实是通过三个句子在读中反复上下对比，边读边思考，在回环上下朗读的同时，打开学生的思维，感悟小鹿对角和腿的不一样的态度，这样的回环和比较不是累赘，而是一把通向思维的钥匙。

(2)大比较大回环

小鹿对自己的腿和角的第二次认识是在遇到敌人——狮子之后。第5~7段故事发生了变化，也是揭示语言寓意的关键，如果把这里的教学架空，直接通过教学揭示寓意也许不是很难，但是，学生的思维没有打通，这样的思维是狭隘的，只有再一次通过比较，才能让学生真正读懂文本，读懂语言的寓意。

师：读读5~7自然段，画出描写鹿角和鹿腿的句子。

生：有力的长腿在灌木丛中蹦来跳去，不一会儿，就把凶猛的狮子远远地甩在了后面。鹿的角却被树枝挂住了，眼看就要追上了，鹿使劲一扯，才把两只角从树枝中挣脱出来，然后又……

师：从这几个句子中，你又读到了什么？

生：鹿角真没用，真麻烦……

生：还是鹿腿有用，可以帮助小鹿逃过狮子的追捕。

师：我们把第1~4自然段中小鹿对角和腿的句子放在一起读读。

（学生比较朗读，小组朗读，男女生合作朗读）

师：我们联系上文关于鹿角和鹿腿的句子，对比下文鹿角和鹿腿的句子，你有什么想说的呢？

生1：鹿角很好看，但是在关键时候它不但没有用，还是个大麻烦。

生2：鹿腿虽然不是很好看，但是在狮子追捕小鹿的时候却帮了小鹿大忙。

师：就像文章最后写到的……

生：共读。

师：通过这样的比较朗读，你能说说，这个寓言故事想要告诉我们什么道理吗？

生1：有些好看的东西，不一定就有用；有些东西不好看，有时候却会有用。

生2：不要被事物的表面现象迷惑了。

在这一段的教学中，我把鹿角和鹿腿的表现与第1~4段中小鹿自己对鹿角鹿腿的评价态度做了前后对比，也就是让学生在学习到第5~7段的时候再回到文本的最初进行回环品读，这样的比较，让学生一目了然，寓意也就呼之欲出。

前后比较中的大小回环阅读策略，让学生的思维也得到了最大化的训练，读文章读透文章就需要这样的思维操练，这样的思维来自学生自己，老师只是起到循循善诱的作用，下一个又一个思维的“套”，让学生成为解套人。

三、结语

我们常说学生不会阅读，其实是他们没有像样的阅读方法而已，让阅读成为合理化的“自主行为”，是我一直追求的境界，机械地照读全文，或是“满堂灌”的旧传统，有其风靡一时的理由，而真正的品味文本，还需要“喝墨”和“嚼纸”的勇气，“回环品鉴”在“喝”和“嚼”上下功夫，让文本不再是一个漂亮的躯壳。而是有血有肉的整体，教师的教育、学生的学成为一个有机体，在给氧和供氧的过程中相互依存、相互支持。让阅读成为一个唯美的艺术过程，让教学成为一个具有穿透力的作品。

参考文献

[1] 孙平．阅读教学中小学语文核心素养的培养策略[A]. 2019教育信息化与教育技术创新学术研讨会，2019.

[2] 骆妮．文体意识下的阅读教学策略[A]. 对接京津——社会形态 基础教育，2022.

[3] 廖慧泉．探析小学语文高段阅读教学小学生阅读能力的培养[A]. 对接京津——社会形态 基础教育，2022.

[4] 李洪伟 . 在语文教学中如何培养小学生的阅读兴趣 [A]. 对接京津——社会形态 基础教育 ,2022.

[5] 冉丽芬 . 高年级阅读教学存在的问题及对策 [A]. 对接京津——社会形态 基础教育 ,2022.

[6] 惠丰秀 . 小学语文阅读教学有效性的提升策略 [A]. 对接京津——社会形态 基础教育 ,2022.

小学语文学习中“潜”阅读策略的获得性研究

【摘要】

《义务教育语文课程标准（2022年版）》中对“阅读”是这样定义的：“阅读是搜集处理信息，认识世界，发展思维，获得审美体验的重要途径”；这个定义无疑是要告诉我们：阅读其实只是一个处理、认知进而发展的过程。换言之，就是把阅读文本作为初始化的材料，在已有的材料上提取、获得，而后消化融汇，伴随自己的价值取向、情感构建、审美导向等对人格的形成产生影响。在以往的阅读教学的过程中，我发现尚存在一些误区：1.空洞的“满堂灌”钝化了丰富的文本信息的渗透。2.过程原始僵化，忽视了“语文”本身的知识及能力体系；教师的“牵引”累赘，阻碍了学生自主感悟的产生。3.为语文而语文的“小语文”，限制了文本信息的衍生。即使在课改实践的今天仍有目标虚化、内容泛化、教学活动非语文化、教师作用均化的问题存在。因此，我觉得阅读教学的“转基因”要从问题出发，回归问题、解决问题才是良方。“潜”阅读学习策略应该就是学习者在阅读学习活动中掌握的有效参与阅读的规则、方法、技能及调控方式。笔者觉得影响和制约阅读学习过程的主要策略有两大板块：一是基础策略（其中包括预习策略、朗读策略）；二是提升策略（其中包括质疑策略、拓展策略）。实践也证实这些策略有效提高了小学中高年级学生的阅读水平。

【关键词】

小学　语文　“潜”阅读策略　研究

一、基础策略

基础策略是阅读策略中较为浅显的策略，它常处在深入阅读之初，对更深层地解读文本、剖析文本主旨起到一定的催化作用。因此，在阅读教学中重视基础策略能够提高学生对提升策略的把握。

（一）预习策略

预习是获得课堂学习主动权的第一步。预习不仅可以为上课做好知识准备，而且可以提高听课的目的性和积极性，克服盲目性。预习也更有助于学生自主参与学习本身，摒除学习的被动性，是语文能力获得的具有革命性意义的“伏笔”。正如叶圣陶先生所说：“不教学生预习，他们经历不到学习的上很价值的科学心理过程。”大量的阅读材料有时对学习者而言是一种陌生的语言文字符号，国外的心理学家也认为阅读是由感性到理性的一个升华的过程，初读阅读材料的学习者，在感知材料具体内容的情况下，没有了原始的阅读障碍，才会有兴趣进一步深入地去揭示其内在的真谛和主旨。小学阶段，在三年级实施“预习”策略的有效渗透，在课内教会学生预习的方法及步骤对预习策略的再生成有着至关重要的作用。笔者认为，预习策略的形成往往要经历三个阶段（明确预习要求、扫除文字障碍、确定重点内容等）。这三者循序渐进、相辅相成、相互影响，具体实施起来也是有一定的规律性的。

1. 方法——扫除文字障碍

扫除文字障碍是预习策略形成最简单的一步，其本质就是关于词语音形义的初识，在小学中年级阶段教会学生预习策略之初这一步显得尤为重要。第一，学会关注与文体有关的主角类词；在预习中教会学生确定具有文本特色的词类，在盘点他们的同时又多了了解文本的渠道。例如，《桂林山水》一文，预习时多关注描写山水的词。又如《陨石》类科技杂文，更须关注的是专业术语。第二，学会关注与主旨有关的主角类词；在预习时对能够体现文本主旨的词给予关注，让文字先入为主。例如，《我的伯父鲁迅先生》一文，须关注的是在文本中大量体现伯父品质的词。又如，《飞夺泸定桥》一文，须关注的是描写战士们英勇杀敌的词以及描写大渡河天险的词。

2. 方法二——解决若干文本问题

在扫除文字障碍后，对初次谋面的文本会产生一些问题，有些问题是阅读者在初读文章后就可以解答清楚的，而有些问题则是要在深入解决课文，提示课文主旨之后才能够得以晓然的。第一，教会学生说印象。对于如《镜泊湖奇观》一般的写景状物类文章，可以通过预习初读，说说你对所写之景的初步印象即可。在说印象的过程中学生对文本已有了大致的了解。第二，教会学生谈感受。有的文章饱含深情，初读后便有种需要宣泄情感的冲动；如《我的伯父鲁迅先生》中一大段对于葬礼的真实又煽情的描述只能在初读后让学生谈感受。第三，教会学生理脉络。对于文理特别清晰的文本预习，完全可以尝试让学生来厘清文思脉络。例如《桂林山水》一文，清晰的总——分——总的文脉架构，让学生在预习时就一目了然。第四，教会学生尝试质疑。对于预习中不够确定的内容（词或文本）都可以质疑，质疑是预习中学生能力提升的最高境界。依据质疑的落脚点不同，质疑的角度可以是多种的；例如，《陨石》一文可以就科学常识提问；《我的伯父鲁迅先生》可以就主人公鲁迅是个什么样的人提问。质疑选择侧重点的方法，有利于提高预习的效率，使预习成为真正辅助阅读的有力途径。

3. 方法三——确定文章重点

阅读的灵魂在于拿捏文章的关键内容，文章的关键内容是展现文章主旨的精髓。预习策略之三确定文章的重点，目的在于帮助学习者在初步领略文章时对其最能体现主题的一部分内容进行确认。确认后，有助于深入学习时有的放矢，转移应有的侧重点，起到点一脉而通全文的作用。确定文章重点段落的策略在整个预习策略中占有举足轻重的地位。但是如何确定文章的重点内容也是有依据和方法的。第一，有的课题涵盖的内容足以概括文章的主要内容。这类课文的重点内容的确完全依据课题内容来定。例如，《瓜棚夜话》瓜棚是地点，夜指时间，话当然是指本文所述的事。因此，依据课题，课文的重点内容当然落实于课文的第三段。第二，根据课文内容所占的篇幅来确定文章重点内容，这种确定文章重点段落的方法，是最简单的，学生也极易把握，然而也有相反的例子。又如，托尔斯泰的作品《跳水》，前面交代孩子怎么会上桅杆顶端的内容却颇为详细，占了相当的篇幅，但这并不是文章的重点。第三，根据课文中心确定重点。所有的阅读材料都可用这种方法来确定全文的重点内容，但要在够提炼文章中心的基础上进行。例如，《赶花》一文正是这样。根据以上三种方法确定文章的重点都有其有效的操作性，要提醒学习者对几种方法的认识要辩证统一，才能融会贯通。

（二）朗读策略

基础策略之二的朗读策略在整个阅读教学环节中可为重中之重，朗读是把文章（或词语、句子）念出声来，是将诉诸视觉的文字转化为有声的语言。参与朗读活动的有人的视觉器官、听觉器官和发音器官，而脑始终起着指挥和协调作用，对于阅读的学习者来说，朗读是他们理解文本必不可少的手段。对有一定阅读经验的人来说，朗读不完全是以口语为中介帮助理解的手段，特别是有感情地朗读，几种器官的相应关系发生了变化：眼（看到文字）→脑（理解意义）→口（读出声音）→耳（听到声音，进行矫正）。从会读课文到熟读课文，从熟读课文到有感情地读课文，需要一个潜移默化的过程，朗读策略的习得本身也应该是一个有序的过程。首先是对语言文字的初步感知。其次，在读通的基础上才能对部分阅读材料进行分类剖析，提炼其情感因素，辨别其艺术风格，在二次朗读时

（1）音乐感染，背景再现

每篇阅读作品都有其特定的历史、社会背景，其思想情感无一不是融化在特定的情境之中。应创设一定的语言环境，使学习者身临其境，激发情感，循境入情，使朗读的感情到位。

（2）画面再理，读出韵味

《黄河颂》是一首诗。但诗的语言凝练，铿锵有力、抑扬顿挫不失为朗读的好材料，朗读时伴有准备好的图片和音像资料，边看边读，以看图为手段，抓住重点，体会画面的情景，再图文对照，层层展开，以图悟文，文情画意，图文结合，分节朗读。

（3）描述情境，披文入情

对于一些悲壮深沉的课文，如《我的伯父鲁迅先生》中的葬礼片段，在朗读前教师可作一些描述引导，学生在引导中被深深感染。通过教师描述性引导，学生的思想全部进入情景，披文入情，通过朗读，体会伯父“为自己想得少，为别人想得多”的心境。

二、提升策略

提问学生可以一边阅读，一边试行自我发问，再从书中求解，得到校正和补充，赋予学习以目的性，从而增强学习者的求知欲和兴趣。有利于理解和记忆。实践证明，有疑才能掀起思维的波澜，有疑才有学习的自觉性、主动性和创造性。朱熹曾告诫说：“读书无疑者须教有疑，有疑却要无疑，到这里方是长进。”任何思维总是从发现问题开始，至解决问题告终的。心理学家认为，儿童天真好奇，对万事都爱问个为什么，他们常常喜欢根据自己的想象和经验，对问题寻求一种独立的解释，大胆地提出疑问，去探索客观真理，尽管结果往往不正确，但这种有创造性的求异思维却十分可贵。

质疑也就是提出问题，围绕阅读材料而存在的问题是多种多样的，所以教会学生质疑的策略不是一件简单易操作的事，首先是按一定的分类把阅读材料中的若干问题进行归纳和整理，设定它在第几教时完成。关于词类的质疑可以在预习策略的操作中去完成。例如，学生预习策略中完成生字词预习时，完全可以将课文中的个别难解词作为质疑的对象提出来。

《拥抱大树》一文，老师在教学生预习时，引导学生质疑，把无法理解的词儿用打“？”的方式找出来。学生最后找出的有“警醒”和“处罚”二词，这样的关于词类的质疑策略对于学生而言是极易领悟的。笔者就关于如何引领学生就文章中心问题的质疑策略谈几点自己的设想。

首先，找引领全文的关键句。许多文章有着映射全文的关键句，而读懂关键句是理解全文，体悟作者文章主旨的突破口。关键句往往分为三类：第一，关键句就是中心句。例如，《快乐的松树林》其关键句为：我家门外有一片松树林，它给我的童年带来了快乐。这句话也是全文的中心句。第二，关键句并非中心句，但有迁动全文之用。例如，《捞铁牛》中怀丙和尚说的，铁牛是被水冲走的，我还是让水把它送回来。这句话不是全文的中心句，但却是迁动全文的关键句。第三，写人的文章中人物的言行有时也是引领全文的关键句。例如《中彩那天》中父亲中彩后的种种言行，归还彩票后的种种言行，都是能够体现父亲精神特质的关键句。区别不同类型的关键句，用准确有效的方式进行质疑，使质疑成为阅读学习中的巧妙手段，帮助学习者轻松地提示阅读材料中涵盖的丰富哲理。

其次，找到句中的关键词，找到关键句后，该如何质疑，应有一个步骤，这一步就如给学生设置一个下楼的扶梯，那就是在找到的关键句中再找到关键词，第一，中心词就是关键词，例如，我家门外的松树林，它给我的童年带来快乐。“快乐”就是句中的关键词。第二，表现人物神情、心理、动作的词是关键词。例如，《中彩那天》中关键词为“严肃”“咆哮”，这几个词完全是人物行为的折射，也是质疑的关键词。根据不同的阅读材料找出不同的关键词，然后根据不同的中心句再找到关键词，这是质疑策略中最为缜密的环节。

最后，抓住关键词来质疑。找到关键词，质疑的最终环节落实到了提问的技巧，其实，找到了关键词，问题也就自然而出。例如，《快乐的杉树林》中，关键句中的关键词为“快乐”，学生抓住此词可以设计以下的质疑。为什么说松树林给我们带来了欢乐？又如，《拥抱大树》中，关键词为“虐待”“对不起”，根据它，学生的提问可设计为丹尼尔为什么会对大树说对不起，丹尼尔究竟是怎样虐待大树的？提问的本身是一种策略掌握与领悟的过程，教师可以作适当的归纳，反复地归纳也会提高学生质疑的质量。

部编版的新教材四年级上的第二单元以策略单元的状态呈现，要求老师教会学生“学贵有疑”的学习方法，从而让阅读习得的能力有一定程度的提高。我比较了一下两册教材，老教材中是比较微观的，它提倡从课题质疑，抓住关键词，以及句子中的矛盾点质疑；部编版教材显然是宏观的，它更提倡教会学生多角度质疑，从课文内容、语言表达、文本写法、生活实际的多元角度去质疑，相比较而言，微观的孩子更容易学会，老师更有落实的抓手；宏观的，对学生而言想要学会可能需要一定的课堂引导以及学生与老师的共同磨合，难度是大的，然而挑战也让教学充满了期待。

《一个豆荚里的五粒豆》是本单元的首篇，从单元整体的角度而言，它要求教会学生从课文内容的角度或者从全文的角度去提出问题，教学中，“质疑”策略的教授需要一个循序渐进的过程，千万不能操之过急，对学生而言，是初步尝试用这样的策略来读懂文本，所以课堂预设中，我想用带和扶的方法去慢慢渗透，直至学生厘清“质疑”的步骤以及方法后再慢慢放手。

教学案例一：（第1~3段）

师：（先提问）读了课文的第一到第三自然段大家思考一下小豌豆眼里的世界是怎样的？

（提示学生到文中去找相应的答案）

生1：我觉得小豌豆眼中的世界是绿色的。

生2：我觉得小豌豆眼里的世界是黄色的。

师：根据老师的提问，你们到相应的文中去找找答案。

生3：因为豆荚和豌豆都是绿色的，所以小豌豆眼里的世界就是绿色的。

生4：因为豆荚变黄了，这几粒豌豆也变黄了，所以小豌豆眼里的世界就是黄色的。

师：把两个问题的两个答案放在一起，我还有一个问题想问你们，你觉得这是几颗什么样的豌豆呢？

生5：目光短浅，没有什么见识的豌豆。

师：你看看，老师依据文章第1~3段的内容质疑，你们根据我的质疑在相应的文章语段中找到了相应的答案，这就是阅读文章的真本领，今天这节课我们还要用这样的方法学下去！

在课堂教学时，教师没有急功近利，匆忙地就让学生根据文本的内容去质疑，而是先质疑，让学生摸着石头过河，在文本找到相应的答案，这样一来，学生知道了，哦，原来读懂一篇文章可以从质疑入手，然后解答问题，就可以把文章的内容读懂。

教学案例二：（第9~12段）

师：最后一粒豌豆落到顶楼窗子下面的旧板子上，正好钻进一个长满了青苔的裂缝里。青苔把它裹了起来，它躺在那儿真可以说成了一个囚犯。这句话，老师似乎不太理解，谁能抓住“囚犯”这个词来提一个问题吗？

生1：“囚犯”这个词是什么意思。（浅层次——理解词语的意思）

生2：小豌豆怎么就成了一个囚犯呢？

生3：为什么说小豌豆在青苔的裂缝里就成了一个囚犯呢？

师：大家提的问题都不错，你们都是就“囚犯”这个词提出的问题，根据大家的提问，我们一起来讨论一下这个问题，读读文章，读读句子，找找答案。

生4：我觉得囚犯就是关在监狱里的人，他们是没有自由的。

生5：因为小豌豆的四周都是青苔，他在里面不能动了，所以就像一个囚犯。

师：你看看，根据课文里面的句子，在不懂的地方质疑，我们就能把文章读得更明白了，是的，小豌豆被困在青苔下面被牢牢包裹住了，不就像一个动弹不得的囚犯吗?

从课文中来，到课文中去，教会学生抓住文中与内容相关联的关键句提问，就是读懂文本的好办法，为了给自己的质疑降低一个难度，有时候可以抓句子中的关键词来提问，这样提问的难度降低了，回答问题也更有指向性了。

教学案例三：

师：读了第三部分的课文，你用“——”画一画描写小豌豆生长的句子，再用“　”画一画描写小姑娘变化的句子。

生：交流画到的两种句子。

师：根据你们画的，我们一起交流的句子，你们有什么问题想问的吗?

生1：小豌豆在被青苔包裹着，为什么能长得那么好呢?

生2：小女孩原来身体很不好的，后来为什么好了呢?

师：你们依据自己读到的课文内容问了两个问题，谁能把这两个问题放在一起，试着再来问一个问题?

生3：小豌豆长得这么好和小女孩身体好了有什么关系?

师：这个问题问得真好，依据课文的内容，联系两者的关系来提问，我们一下子就可以解决这两个问题了。

生4：小豌豆能在青苔包裹下长得这么好，说明它的生命力很顽强。

师：你说得对，那么和小女孩有什么关系呢?

生5：因为小豌豆的生命力影响到了小女孩，她要向小豌豆学习，所以她有了对抗病魔的勇气和对生命的信心……

师：你说得太好了，说明你已经依据这个问题读懂了课文。

小豌豆和小女孩的关系是一个难点，学生很难问，教师很难教，于是，追问，把零散的问题让学生自己整合就不失为一种值得尝试的教学手段，教师在循循善诱的过程中善于捕捉学生生成的每一个小点，然后形成问题，再引导学生解决问题，这样的习得是有效的，也是高效的。

这个单元是一个策略单元，“质疑”策略旨在帮助学生更深入地读懂文本，俗话说“学贵有疑”，在提出问题的同时，也是对文本深入解读的过程，我想要让学生学会质疑，深入学文，教师自己应该先深入读文，剖析课文中可以引导学生质疑的关键点，这样才能起到事半功倍的作用。

三、拓展策略

什么是拓展？所谓的拓展应该就是以课堂为基点、课本为基础，内外扩展延中的阅读指导。课文中已指出：“应让学生在主动积极地思维和情感活动中，加深理解和体验。”也就是强调了新课程改革中学生在课堂教学中的主体地位，阅读教学旨在授之以法，授之以什么法，当然是授之以举一反三之法。举一反三也就是我们常说的知识迁移，“迁移”是指人们运用已有的知识和经验，抓住其内在联系和共同因素，经过自己的实践探索而获得新的知识经验。把“迁移”的原理运用于教学，就是引导学生把教师的教法套为自己的学法的潜移默化的仿效过程，也是学生举一反三、触类旁通的学习飞跃过程。阅读学习中的拓展是很宽泛的，可以是阅读课外材料，大多来自名家名作，当然也必然是与课内阅读有一脉相传之处。方法有三：纵向式扩展阅读，横向式扩展阅读，放射式扩展阅读。拓展也可以是关于写作技巧的方向。根据不同的阅读材料作一些相应的写作技巧方面的训练。其渠道不外乎有以下几种：延伸训练、想象训练和模拟训练。

（一）策略一——课外阅读拓展

苏霍姆林斯基说：“课外阅读，用形象的话来说，既是思考的大船借以船行的帆，也是鼓帆前进的风，没有阅读，就没有帆，也没有风。”课外阅读是语文教学的重要组成部分。它有助于学生巩固课内学过的字词和读写知识，对提高他们的阅读能力和写作水平都起到了积极的作用。

1. 纵向式扩展阅读

以课本为基础，纵向扩展，阅读与课文紧密相关的材料。如课文故事发展的前后延续或与文中主人公有关的趣闻逸事等。如学习了课文《我的伯父鲁迅先生》后，我们向学生推荐《我的伯父鲁迅先生》全文（因为文本有删减）。

2. 横向式扩展阅读

以课文为基础，横向伸展，阅读一些与课文结构相似、写法相近的课外读物。在学了课文《我爱故乡的杨梅》后，我们向学生提供了《我爱故乡的桂花》等十几篇文章。

3. 放射式扩展阅读

以课文为基点，以课文为圆心，向四周进行放射式扩展。如学了巴金的《繁星》后，我们不仅向学生介绍了巴金的《激流三部曲》，还引导学生阅读冰心的《繁星》，借以比较。

（二）策略二——写作技巧拓展

课本中所选用的阅读材料大都为范文，在写作技巧上有许多可学之处，足以成为中高年级学生拟用仿写的材料。每学一篇课文如果能选择其中的优秀片段加以学习后仿写，可起到温故而知新的作用。不同的文章用以仿写的侧重点是不同的，说明文侧重于说明方法的沿用。写景状物的文章，主要以积累好词好句为主。课文中经典的古诗古文主要是让学生学习后引用。

1. 延伸训练

所谓的延伸训练，也就是根据有限的课文内容对后续的发展作一个拓展延伸的写作。这类写作拓展需要学生以课内阅读材料为中心，掺杂合理的想象，对以后发生的事作一个表述。例如，《让马》一文，贺龙同志一共让了两次马给小战士向伢，课后让学生延伸写作的内容为：《贺龙的第三次让马》，提议学生也可以人物的言、动、神为主体来进行续写，所写的内容宽泛。

2. 想象训练

在延伸训练中有一定的想象成分，但想象仍要保持在延伸的作文内容中，对于古诗的扩写，有时想象的成分就要多一些。例如，《溪居即事》的扩写可以想象的是：当天的天气如何？周围的环境如何？乡村的景色美在哪儿？主人公的表情如何等。通过想象使扩写的内容陡然丰满起来。

3. 模拟训练

模拟训练也就是常说的仿写，仿写主要来自范文中的比较有规律的文字段落。例如，《我家门前的龙眼树》最后一节，共由三句话组成，第一句写结果，第二、第三句写原因，这段文字完全可以让学生仿写。教师在课后要求学生仿写了三个内容，我喜欢菊花、我喜欢小闹钟、我喜欢路灯。仿写使他们的写作框架有了新的意识。课外的写作技巧拓展往往是见缝插针，不同类型的课文都有其可拓展之处，要善于挖掘和提炼，找到讨巧之处或者说是有益之处进行写作拓展的训练，让学生在拓展中学会各种各样的写作技巧，这些技巧可以是段落框架的搭建技巧，也可以是遣词造句的能力。

以上所述的几种策略，是基础策略也好，还是提升策略也罢，在教学中尝试才是最重要的。阅读教学是一种艺术，教学中教会学生自主参与学习更是艺术中之精髓，学生只有学会阅读，才能逐步达到“自能读书，不待老师讲的”理解水平。授之以鱼，只供一饭之需；授之以渔，可以享用终生。阅读学习中的种种策略可以让学习者在阅读的过程中汲取学之方法，在参与阅读的过程中学会善于阅读的方法，形成精于阅读的品质。例如，学会预习策略就可在阅读前有效排除文字障碍，确定文章的主要内容，阅读时有侧重点无盲目性。又如，学会了朗读策赋予学习者自己的情感体验。因此，笔者认为只有有序地教予学习朗读策略，方可帮助学习者更快进入朗读的世界，感受朗读带来的审美体验。

1. 方法一——助词读轻声

组成文章的字词细胞中语助词是必不可少的一分子，它们可以说是无处不在的，常见的有“的、地、得、了、着”。这些助词连接着词与词、句与句，使语言文字读起来自然不生硬。它们大量地存在于阅读材料中，比例相当高，要让学生明确它们在阅读材料中的辅助地位，在真正的朗读实践中既要体现到它们的存在，又要学会处理主次关系。在教学生朗读的初期教其学会读轻声是十分关键的。例如，“金色的阳光”中的“的”字在读的时候要凸显的是形容词“金色”和名词“阳光”，“的”只是一个连接的助词，所以读成轻声即可。那么具体怎么读呢：A. 拉长“金色”中“色”的读音，B. 把“的”字去掉不读出声来直接读“阳光”。

2. 方法二——情境朗读

所谓的情境朗读是感情朗读中的重要策略。我们时常纳闷在反复的操练中学生的情感仍像空中浮云一般无法落到要点上。似“悟”又非真“悟”。问题的关键在于他们无法寻找到相应的情感切入点，例如，我们熟悉的老教材中的《十里长街送总理》一课，学生没有生活在那个年代，对敬爱的周总理并没有多深的了解，历史的变迁、时代的跨越使他们无法进入到十里长街送总理的真实场面中去，教师再煽情的讲解也是苍白的，起不到任何作用。这时如果能给学生看一段当时情景的录像，伴上音乐，感受一下当时的场面，也许就能读出所预期的那种深情的效果。在需要有感情朗读时给学生创设情境，将认知理解与感情活动相结合，让学生在趣味盎然中体验着优美的情境，享受朗读带来的乐趣。

略，会以不同的朗读情感宣泄对不同类文章的理解，可以是激情如火，可以是温情如水。再如，学会了质疑的策略那更使自己的阅读思维达到了一次质的飞跃，我们常说用三只眼去看书，关键在于是否浮在文章的表面还是“潜入文章”的深层，质疑的优点便在于此，总之阅读策略有益而又有效。

参考文献

[1] 周步新．筛选与优化：基于核心素养的阅读策略教学研究 [J]. 语文教学通讯，2016(27).

[2] 吴静．国外的 SBI 阅读教学简介 [J]. 云梦学刊，2003(5).

[3] 魏书生．魏书生组织教学六法 [J]. 语文学习，1995(5).

[4] 王雪燕．小学语文阅读教学存在的问题与对策 [J]. 中国教师，2018(增刊 2).

[5] 焦芳元．深度思维，提升小学生阅读能力 [J]. 课堂内外（高中版），2022(19).

[6] 鲁有福．小学语文阅读教学与学生阅读能力的培养 [J]. 名师在线，2019(34).

捕捉"生成"资源，促语文学习可持续发展

【摘要】

《义务教育语文课程标准（2021年版）》曾经提出：语文课程应致力于学生语文素养的形成与发展，即语文课程，必须面向全体学生，使学生获得基本的语文素养。在对于语文教学文本的解读过程中，我时常发现有许多的值得尝试去训练学生语言文字能力习得的训练点，从词句到篇章无处不渗透着语文素养的形成和历练，而这些语言文字的训练对于学生今后文本学习能力的可持续发展有着必不可少的张力。爱因斯坦说："负担过重必然导致肤浅。"卢梭又说："最重要的教育原则是不要爱惜时间，要浪费时间。"两则名言同出于两名伟人之口，看似矛盾，细细甄别却意味深长。"预设"和"生成"就是促成学生课堂学习有效进行的两个相辅相成的联系点，细化预设，在生成中捕捉学生资源，进而促进学生资源中可以衍生为能力的训练点，对于今后学生语文习得方面的可持续发展有着催化的作用。也会造就有效课堂，不会让课堂留有空白。

【关键词】

预设　生成　资源　持续性发展

如何让学生获得可持续发展的能力和动力呢？关注“生成”和“预设”是必不可少的一个关键，纵观许多以“生成”与“预设”为主题的文献，很多老师都谈到了两者的关系，也谈到了关于这两者有机结合促进学生发展的作用，宏观上，从唯物辩证法的观点出发，两者是相辅相成，缺一不可的，“预设”造就了“生成”，“生成”依赖着“预设”。如此利弊相存的关系，造就了两者相互牵制的关系。微观上，从大家的课堂实践中得出，“预设”与“生成”又是教学中必不可少的两个方面，没有“预设”就没有“生成”，而在两者的有机结合中能够关注到学生生成中的资源，又对课堂中学生的发展起到不一样的作用。

一、摸索预设与生成的关系，在资源生成中捕捉可发展的基点

什么是预设的内容，简单地说，就是涵盖整个教案流程每一个部分的环节以及连接每一个环节之间设想的问题，语文教学课堂实践的流程在中高年级基本可分为导入、感知、精读、小结四个部分，如果每一个部分都有相关的预设话题，那么预设的内容是一个很大的范畴，教师依据文本的特点在预设中假设几个揭示文本含义层层递进的问题，用以帮助学生解读文本。问题预设的“精细”则是在预设这些话题时不仅滞留在文本，而是在预设时既联系文本又联系学生的完整细致地预设。在与不同平行班教学的比较中，我感悟到了这种“预设内容精细”对“生成”的局部影响力，那是一种奇妙又完美的过程。例如，《牛顿在暴风雨》中一文的教学开始，我对不同班做了以下预设：

师：板书课题中的“牛顿”并提问：你知道牛顿吗？

生1：牛顿是一个科学家。

生2：他好像发现了地心引力。

生3：我还知道，他好像是德国人。

生4：我知道他的地心引力发现和苹果有关。

师：大家说得真好，说明你们对牛顿很了解。

在课堂实践中，我们不难发现是有问题的，学生的课堂生态资源是那么零碎，语言也是支离的，缺乏完整和系统，这是语文学习的败笔，那么这样的败笔源于什么，源于预设内容的粗枝大叶，教师的预设内容在一定程度上只是一具空空的躯壳，没有充分了解学生已有的知识经验，假设学生没有对牛顿此人的知识积累，课堂上就没有任何东西可以生成；学生看来有一定的知识沉积，所以课堂的回答不是空白，但是生成的回答又是无体系的、凌乱的，这样的资源生成对于今后学生语言概括能力的发展，以及学习主动性的提高是不会起到良好辅助的作用的。如果预设时再对牛顿生卒经历精细一点，考虑的面更宽一些，教师又能够整合学生的回答，那么生成就会更加完美，资源也会更加丰富多彩。于是，教师又在“预设”中做了细微的调整：

师：出示PPT展示牛顿生卒信息并提问：读读介绍，说说你对牛顿的了解。

生1：我知道牛顿的全名叫艾萨克·牛顿，他于1643年1月4日出生，于1727年3月31日去世。

师：是的，牛顿活到了84岁呢。

生2：我还了解到，牛顿是著名的物理学家、数学家、天文学家。

师：是的，你发现了吗？牛顿是个全才呢！

生2：我还知道，牛顿被誉为近代科学的开创者，在科学上做出了巨大贡献。

师：是呀，他有这么大的成就不是偶然的，是必然的，读了课文你就知道了。

在这里预设的内容已经有了很大的补充，教师把牛顿的生卒经历打在幻灯上，让学生先读读，然后收集讯息，学生的回答是在预设中限定的，获得讯息回答提问的同时，教师善于归纳和总结学生的发言，在归纳中教会学生如何整合所掌握的信息，分类来回答教师的提问，这样的预设对学生的后续“生成”起到了画龙点睛的作用，在这样的预设引导下，后面的学生生成资源完全就有了不一样的火花闪现，特别是最后一个问题的归纳和提出（是呀，他有这么大的成就不是偶然的，是必然的，读了课文你就知道了），为下文的学习做好了最佳状态的铺垫，也为学生的持续性发展提供了相应的条件。经过长期的训练，学生对于知识点的把握和概括一定会有极大程度的提高。

二、研究预设提示与生成的关系，在资源生成中寻找可发展的促进点

预设中，往往会涉及很多已有的和未知的问题，已有的在预设中渐渐忽略，大可不必太花时间和精力，学生自然会在教学生成中去解决，然而未知的问题在预设中就要多设置几个提示的环节，这些细小的提示环节是“预设”智慧的一种集合，我时常发现，因为有了这些细小的提示智慧，生成才会更加鲜活；同样地，因为有了这样的预设，学生的生态资源也会在后续的语言文字习得中得到持续有效的发展。

《牛顿在暴风雨中》一文中有一句关键句不得不教：他像个疯子般不停地在风中向上跳着，这句话是全文的要点，教学中把它预设为一种句子塔的教学模式，其意是让学生学会如何把句子写具体。在这个环节的预设中，预设提示的智慧被发挥得淋漓尽致，学生的生态资源也呈现层递式的态势。

师：牛顿在风雨中反复地做着同样一个动作——

生（一起回答）：跳。

师：他向哪儿跳？（提示1）

生：他向上跳。

师：他在哪儿向上跳？ （提示2）

生：他在风中向上跳。

师：他在风中怎么样地向上跳？（提示3）

生：他不停地在风中向上跳。

师：他像个什么似的不停地在风中向上跳？（提示4）

生：他像个疯子般不停地在风中向上跳着。

有时，教师的预设更多的一种提示，看似琐碎的提示却造就了整个句子塔的练习。**预设提示中的暗示：**仔细看每一个小环节的提示都是充满暗示的，例如，牛顿向哪儿跳？在哪儿跳？像什么似的在风中向上跳？暗示的切入口小，暗示的指向性明确，给学生的回答提供了明确的保障，实践证明生成的结果完全与预设相吻合，可谓水到渠成。**预设提示中的坡度：**联系四个提示，就如阶梯状地陈列，一层又一层地堆砌而成，而每一个提示又与下一个提示相联系，从提示一到提示四形成一个十分有趣的坡度，生成在预设的坡度中一点点完成，学生在生成的坡度中逐一完成教师的提问，句子塔的练习在不经意中完成了。**预设提示中的视角：**预设提示是有一定的视角的，在这个案例中教师的视角停留在“跳着”一词中，句子塔的层层叠加完全是从这个视角出发，暗示和坡度都是从这个视角出发的，每完成一个句子塔结构，教师都把落脚点放在“跳着”一词之中，带着学生完成整个生成的过程的视角也是完全定格于“跳着”一词。暗示、坡度、视角造就了预设提示的智慧，有了这样的智慧，生成才会在预设之后带来别样的惊喜！预设提示看似教师扶得多了一点，学生的资源不够灵动大气，但是正是由于这样细致入微的生成模式，在循循善诱着学生资源的持续性发展，有这样的句子塔训练模式的渗透，对于中高年级段学生写作水平的提高是有着具体的帮助的。

三、推进预设开放与生成的关系，在资源生成中探寻促进发展的激发点

为了完成文本的教学任务，预设就必须积累和罗列许多相关的问题，从文本的主旨出发，再回到文本的主旨，这样一个循环往复过程中涉及的问题细枝末节实在有很多，预设前把解读文本作为铺垫，然后依据主旨，确定所要预设的问题，这些问题是直接影响生成有效性的因素。预设的问题可以是拘谨的，把目标问题锁定在紧紧围绕在主旨周围的每一个切入点，这样的预设问题有一定的指向性，生成的空间不够宽泛，停留在教师的思维定式中，课堂的精彩有所限制。预设的问题也可以是开放的，所谓的“开放”就要具备宽泛、空间、个性的特质，在这样的预设中，教师的预设无疑是给学生抛出一小块砖，而等待学生生成的却是几经雕琢的美玉。开放性的预设，更有助于学生资源的发展，也就是说，只有预设得更开放，学生的资源才会多元化。趋向于更加大气和灵动的发展，对其以后的语文学习能力的螺旋式上升和提高有着不可取代的作用。

师：（板书“暴风雨”）说说你了解的“暴风雨”。

生：暴风雨是下得很大的雨。

生：我知道暴风雨比一般的雨要大，会吹倒大树。

生：暴风雨一般在夏天才会有。

生：暴风雨还会吹倒房子。

教学第二部分（6~8）

师：风越刮越猛，雨越下越大，在这场暴风雨中牛顿真的被“刮”走了，但

他是心甘情愿的。

师（引读）：他的头发……浑身……

生（跟读）：……

师：他在风雨中干什么？他为什么要这样做?

生：读相关的内容，找出答案。

生：牛顿在风雨中跳着。

生：牛顿在风中测试风力。

生：牛顿想知道这么大的暴风雨中，风力有多大。

生：牛顿很想知道风力。

生：因为这是一场罕见的暴风雨，牛顿想知道风力有多大。

在这里，预设都是“开放”的，**首先是因为预设问题的宽泛**，对于“暴风雨”和“牛顿”的提问，只是提出了“了解”一词，对于了解的范围并没有在提问的同时框死在每一个方面，因为问题的宽泛，学生的回答完全可以依据自己已有的知识积累，选择自己最熟悉的内容进行解答，生成在其中显得异常鲜活，活泼的生成语言在学生的口中呼之欲出。**其次是因为预设的问题是存满空间的，**“空间”的基础是“宽泛”，因为缺少局限性，问题的落脚没有在一个平面定格，“牛顿”在风雨中干什么，学生大可以天马行空地在全文的范围内找到自己想要的答案，有的学生在生成中落脚于文本的下一个小结，有的孩子联系了文本开头的大段描写风雨的内容，就是这样，生成在一个很大的空间范围内寻找落脚点，这样的空间，对文本原有的解读做了最到位的回应。**最后是因为预设的问题中包含的个性化元素，**在这三个案例的表现中，因为问题的宽泛和充满空间，所以渐次地体现了在生成中的个性化体验，每一个生成的环节都体现了学生个性自主地参与生成的特点，对于暴风雨的了解，对于牛顿行为的解读，都充分体现了学生自我生成的火花。个性化、开放化的原则对于学生自身的有效发展有着推进的作用，不让学生只做课堂的机器，教师的教学就应该是“开放和灵动的”，这样的预设和生成对于学生语文学习的前瞻性有着至关重要的作用。

四、结语

“语文素养是学生学好其他课程的基础,也是学生全面发展和终身发展的基础。”(《语文课程标准》)在学习语文的过程中树立终身观和发展观，让学习成为有效而又循序渐进的过程尤为重要，学生学习本身的可持续发展决定了学习的有效性和灵动性。 而“预设”和“生成”是两枝嫁接于一体的教学奇葩在相辅相成中开出美丽的教学之花，结出丰硕的教学之果。今天，我们研究“预设”，把每一个环节细化分析，解读咀嚼，就是为了能够在“生成中”有符合心意的教学效果，当然，如果一味地追求教学效果的笃定和完美，那么机械化的“预设”也许会起到暂时性的作用，但课堂也许会索然无味。那么，教前预设的提示更“智慧”，内容更“精细”，问题更“开放”，对于学生可持续性发展有着终身的奠基作用。

参考文献

[1] 梁明月．基础学段语文教学中的预设与生成[J]．语文教学与研究，2021(10)．

[2] 陈彦旭．巧妙预设，预约课堂精彩[J]．新课程导学，2021(2)．

[3] 王春艳．浅谈基于预设与生成下的小学语文教学实践探索[J]． 新课程，2021(1)．

[4] 曾青荣．预设与生成：语文课堂教学的两翼[J]．新课程导学，2020(31)．

[5] 王锋．小学语文个性化阅读教学预设和生成研究[J]．家长，2020(31)．

[6] 冯照华．语文课堂中如何处理好预设与生成[J]．语文教学与研究，2020(18)．

在“语言造势”中深度阅读

【摘要】

教学是师生共同鉴文赏文的一个过程，师生间思维的碰撞和创新在每一个看似平淡无奇的过程中产生，而有些“可意会不可言传”的行文语言让我们又无法用具体的形象化的语言或者是形体去描绘去勾勒。每当这时，语言，在教学中的作用就十分强大了，它就如同一位会“乾坤挪移大法”的魔术师，以不变应万变，娓娓道来又循循善诱，让学生在只有语言而形成的境界中完成对文本的意会，完成自身与文本的心灵对话。在此期间，文本的精髓便会“破壳而出”，师与生一起在语言的层层的深入中进行文本的二度创作。所谓的“语言造势”就是让课堂语言造就一种能带学生浸入文本境界的气势，在一定的语言范围内就文本的内容与所传递的知识进行内化，所造之势用“一扬而起”“一触即发”之法，牵动学生的情感升华，引发学生与文本的共鸣。

【关键词】

语言造势　深度　阅读

我教学部编版教材四下的《天窗》一文，行文短小但内涵丰富，作者茅盾先生用精练的笔触描画出了一个乐趣无穷的乡下孩子们的世界，这个“世界”只可意会无法言传，对于长期生活在城市里的孩子而言要想深入理解文本潜藏的思想感情是有一定难度的，因为文章的年代久远，与现在孩子的生活脱节，因此该文的教学存在些许障碍，虽有预习，也有相关文章的铺垫，但文本距离还是阻碍着课堂教学的完美呈现，学生无法法研出文本的意境，于是“语言造势”在教学中就起到了相当的作用。

一、问答起势，梳理文理

问答起势，顾名思义就是以问答作为扬起语言文字之势的一种方式。

课文的第五和第七小节在段落结构上异常相似，都是先写孩子们透过天窗看到什么，然后写通过看到的想象到了什么。这两节又是全文的灵魂所在，让学生浅淡地读一读或者是机械地划分一下层次都不是一件教学中的难事，可是这样的教学能给学生留下些什么就不得而知了。让文本文字深深留于脑海，并在潜意识中转化成内在的能力是深入学文的关键。于是问答式的“语言造势”在这里起到了至关重要的作用。

以问扬起。在教学这个环节之时，我紧紧地抓住两个问题作为“起势”，一是，透过那小小的玻璃你会看到什么？二是，透过看到的这一切，你又会想象到什么？教师用极富“张扬”的语气，问出这两个问题，语气中寻求着学生相呼应的正确的回答。“扬起”的语势让学生们有了回答问题的冲动，课堂就像在激流中掷入了石子，荡起无数涟漪。以答呼应。有问题引出文本的相应的答案，学生很快用朗读的方式找到相应的答案，教师和学生完成一问一答的呼应，在呼应中学生与文本融为一体，在回答中应和着问题中的答案，课堂上显现的“问答语势”的此起彼伏，造就了一个个紧凑而完整的教学环节。除了引起课堂教学的高潮，在跌宕起伏中感受语文教学之美，如此这般的读文品文，无须多言，结构已成为学生潜意识中把握的东西，还需机械化地划分层次吗？

二、串读起势，渗透文脉

串读是极佳的语言造势法，它如同相声演员在舞台上的“捧哏”一般，一方说罢，一方呼应，迎来笑声无数，也许就一个演员表演并无法迎来众笑一片，而“捧哏”演员的搭讪、拉腔就起到了不可忽略的作用。“串读”在我的语文教学中是常用的一种手法，它是最好的“造势”大法。方法也相当简单，只要老师引领文本中几个关键的语言点，学生串着往下读就行了。

还是第五节和第七小节，完成了“问答式”的初读，文本的细读还得深入，这种深入是在细嚼慢咽中完成的，可是短短几十字，如何细嚼慢咽，枯燥地反复读只会使课堂成为一潭死水，学生在无味地“读”中耗费时间，正如夏丏尊先生所的话说：“文本细读，就是引发一种对语言的敏感。”我想这种敏感来自“语言”所拥有的足以让学生为之不断心动的“气势”。于是，在预设时，我对此二节在串读上花了一点心思。

例一：夏天……孩子们顶喜欢……然而……孩子们就被关在……这时候……透过那小玻璃，你会看见……你会看见……你想象到……你想象到……总之，小小的天窗……（第五小节）

例二：晚上……也许……也许……你伸出头，你仰起脸，这时小……你从……看到……想象到……你还从……想象到……总之……（第七小节）

割句串句，不仅仅是一个小节，甚至可以是两个小节的句子按一定的规律割开，在茅盾先生的这一作品的第五节和第七节里，我们不难发现，作者总是有规律地先写看到的，再写想象到的，每一次写想象到的或者看到的又不是写得十分单调，而是层层逼近的写法，比如，你会看见……你会看见……你想象到……你想象到……，又如，晚上……也许……也许……你从……看到……，想象到……你还从……想象到……总之……（第七小节）这样的写法，也为传读造势带来了良机。教师只要抓住每个分句的重复的词眼，比如，你会看见……你想象到……让学生串读下面描述的具体的内容就可以完成整个串读的过程了，割开句子有意识地重新串起，“语势”就此扬起。读中造势，串读时，读的方法也是有讲究的，先不说语调上的“先抑后扬”或是“欲擒故纵”，就语速上而言，要想“造势”就得急缓适切，教师要以先缓再急的方式层层递进，愈读愈急——这语势仿佛让“我”看到的更多了，想象的力量立刻膨胀起了，愈发不可收拾。语音上呢，依着语速的推进，由轻及响——特别是读想象风雨肆虐的这一部分，如此的语音推进，让强大的“雨势”“风势”“雷势”活灵活现地展现在面前，而这一切，只是“语势”促就的而已。

三、入境起势，深处文境

入境，就是进入文本情境，入境造势，就是在带入学生进入文本情境时所造就的“语言气势”，这种“造势，由“情境”引出，由“情境”造就。文本中写了一群可爱的、烂漫的孩子，在雨天无法享受“雨趣”，只能借助“天窗”了却心愿的快乐。可是，下雨天在雨中欢愉的乐趣是永远让孩子们无法忘怀的，茅盾先生用极富童趣的笔触把孩子们的心理描绘得惟妙惟肖。

情境假设，第五节首，作者写道：从那小小的玻璃，你会看见雨脚在那里卜落卜落跳，你会看见带子似的闪电一瞥。雨脚的欢跳在这儿“淋漓尽致”，可是，有多少学生能理解呢？有多少孩子能体会这种“欢愉”呢？“卜落卜落”一词要读出那种具有弹跳力的欢快的感觉真是挺难的。于是，预设时，我决定创设一种“语言情境”带出一种“语言氛围”。（师：同学们，你们看！雨脚很不一般呢，它还会跳舞呢，它舞姿优美，动作轻盈，谁愿意来“跳一跳”）境中造势，一声问下，学生个个进入模拟的情境，在“舞姿曼动”的情境中逐渐读出了那种带有弹力的轻盈的语气。仿佛就是那个雨中的孩子，正在和“雨点”游戏，享受着无与伦比的幸福。正所谓：情到深处无法自己，教师利用假设的情境所造就的“语势”，让学生在潜移默化中又一次与文本撞击出火花，对文本的理解又深入了一寸。

四、“唯美”的落实，浸入文旨

就在课堂教学进程到最高潮处，学生在文本的想象中积极遨游，意犹未尽之时，教师的言语却戛然而止，想象的驰骋到此而已，从课堂的“喧闹”到教学的

“静止”，此时的无声胜有声，因为想象并没有在学生翻腾的思绪中终止，教师的停顿只是在造就一种“落势”，让教室回归安静，让学生有更多的静止的空间展开自己的想象，让他们充分体味源于课本之外的想象。用这样的方式，留给学生自由想象的空间，作为全文的结尾，我想是最惬意不过的，有语言“起势”，有语言“落势”，课堂中有动有静，动静结合，这才是真正的“唯美”的。

五、结语

阅读教学中的“语言造势”是一种帮助学生浸润“文本”体会作者表达的思想感情的好方法，当然，也不是每一篇课文都适用这一方法，这还得“应文而异”。可意会不可言传的文章不在少数，这一类的文章尝试着用一用这方法，也许会有意外的收获。课堂的“饱满”，是师生互动的结果，“语言造势”在课堂中容易形成一种感召力。在师生动情互动的空间里，我们只有“文本”，忘却了生硬的单纯的为学而学。

参考文献

[1] 许梅生 . 小学语文深度阅读的实践与应用研究 [J]. 学苑教育 , 2022(33).

[2] 宋秀丽 . 探索小学语文深度阅读教学的方法 [J]. 试题与研究 , 2022(2).

[3] 包永甲 . 小学语文深度阅读教学策略探讨 [J]. 新课程 , 2021(35).

[4] 黄龙梅 . 以核心素养为导向的小学语文深度阅读教学探索 [J]. 读写算 , 2021(31).

[5] 杨中华，让儿童走进深度阅读的教学路径 [J]. 内蒙古教育，2019（9）

[6] 林正根 . 浅谈思维导图在小学语文深度阅读教学中的运用 [J]. 教师 , 2020(12).

[7] 曾永琛 . 小学语文深度阅读教学策略 [J]. 家长 , 2022(35).

指向思辨的多元阅读策略

【摘要】

学习应该是让思维迸发和碰撞的过程，让这种迸发与碰撞在课堂的行进中产生的，教师授法，学生经历后产生品质。因“思”结“慧”，慧从中来，思后而辨，形成阅读能力。思与辨相辅相成，完成整个“思辨”的过程，学生在教师的激发和唤醒中，经历追问斟酌、批判推敲、撮词品句、比较揣摩等策略的体验，从而到达阅读的最佳状态。“指向思与辨的多元阅读策略”在新老两种教材中都能起到提升学生语文核心素养的作用。

【关键词】

思辨　多元　策略

一、追问斟酌——形成由“思”到“辨”的蜕变

阅读教学中文字的咀嚼是完成思辨的主要方式，而名家名篇最能够培养学生 “思辨”能力，“推敲”语句，“追问”可否，这样的阅读经历会让学生在“问”中慢慢剥离文本最外在的东西，走向文本的深处，“剥离”会让思辨的能力逐渐形成和加深。

以部编版教材中《慈母情深》一文为例，学生如何真正明白课题中“情深”的含义？文本的最初落在“我”向母亲要钱去买一本叫《青年近卫军》的书，由此而见到了工作中的母亲，强大的视觉和听觉感受，让我生出了愧疚和感激，感悟出母亲对我深深的爱。文本写到第28自然段完全可以落笔收尾了，可是作家偏偏又追加了七个自然段，这七个自然段该不该写？于是，“追问推敲”就在这里起到了至关有效的作用。

课中的思辨追问落在第三十自然段。文中写道：那一天我第一次觉得我长大了，应该是一个大人了。并因自己15岁了才意识到自己应该是一个大人了而感到羞愧难当，无地自容。老师如此这般追问：

师：请你圈出文中的两处“应该”，先说说你对“应该”的理解？

生：就是“应当”的意思？

师：那好，你带着理解读读这句话，你再来说说文中的“我”应该做什么？

生：应该懂得妈妈的艰辛。

生：应该明白妈妈的用心良苦。

生：应该报答妈妈。

师：你觉得“我”不应该干什么？

生：不应该问妈妈要钱买书呀？

师：我还不应该干什么？

生：还不应该看到妈妈工作环境这么差，工作这么辛苦，还要一元五角去买书。

师：那么15岁的我究竟应该干什么？不应该干什么？

生：15岁的我应该帮助妈妈一起来支撑这个家，不应该再让妈妈那么辛苦，不应该不懂事地向妈妈讨钱了。

在三番五次的追问中，师生如切如磋，教学相长，学生对文本语段的理解不再浮于文字的表面，一次回答就是一次思考与辨析的碰撞和打击，问答的叠加和追逐，让思考和辨析形成了螺旋上升的态势。

二、批判推敲——完成由“思”到“辨”的飞跃

文本的架构是作者行文思路的体现，它有着作者对主旨揭示的意图，这种意图，是读懂文本的关键和难点。还是以《慈母情深》为例，第28自然段以后的内容看似是繁复的赘述，却深藏玄机，在此处反复阅读，适当地引导学生去“批判”去“推敲”，会降低阅读经历的困难度，让阅读成为一种愉悦的享受。

例如，第三十四自然段这样写道：那一天母亲数落了我一顿。数落完，又给我凑了买《青年近卫军》的钱。我想我没有权利用那钱再买任何别的东西，无论是为我自己还是为母亲。

师：我觉得省略号后面的句子不用再写了，你们怎么认为？

生：我觉得要写，这句话是对前面一句话的补充。

师：补充了什么？

生：补充了我用这钱去干吗？

师：这样的补充有什么好处？

生：突显了我对母亲的理解，母亲很喜欢我读书，她凑钱只是为了让我买书。

师：那么，我就写我想我没有权利用那钱再买任何别的东西。这里行不行？

生：不是很好，因为，作者要强调这钱我只能买书，强调我对母亲的理解。

师：是呀，百善孝为先，作者的“孝”就体现在这里。

这里的“批判”在于颠覆作者原有的写作意图，把原意和修改意放置在一个空间内进行思维的辨析，究竟怎么表达能够凸显作者写作意图？“批判和推敲”的过程中，学生体验阅读经历给予他们的坎坷，这种坎坷通过自己的读中思辨去逾越，让阅读经历充满了华彩。

同样的“批判推敲”经历，呈现在对全文的把握上，文本的最后7个自然段有没有存在的必要？这个问题老师在教学的尾声提出来让学生去思考辨析，大多数的孩子选择反对，选择反对的理由有以下几种：

生：最后这几个自然段写的是作者内心的感悟，所以有写的必要。

生：这几个自然段写的时候是一层一层加深的，作者慢慢地把主旨揭露出来。

生：这几段主要是加深了对课题的理解。

生：作者写的这几段并不多余，这几段对中心思想的体现有推动的作用。

根据全文架构提出的“批判”，主要是从文章的整体出发去观察和揣摩作者的意图，让学生跟随文本的脚步去观察、去批判，批判就是对文本作者写作的二次肯定，这样的思辨训练，对学生阅读和写作都形成良好的思维品质。

三、撷词品句——练就由“思”到“辨”的品质

“撷”即摘取的意思，“撷词”就是摘取词语，“撷词品句”就是在文本的语句中摘取关键词语，在思维中进行“把玩”和“鉴赏”，最终达到对文本难解句的理解。《慈母情深》一文中，值得推敲、鉴赏和把玩的好句子太多了。例如，那一天母亲数落了我一顿。数落完，又给我凑足了买《青年近卫军》的钱。这句话中动词“凑”字，如何咀嚼，才能牵动文本主旨的升华？老师做了以下的尝试：

师：谁能来理解一下句中“凑”这个词？

生：这是一个动词，说的是母亲又给我去凑钱买《青年近卫军》一书。

师：凑足是什么意思？母亲要凑足多少钱？

生：凑足就是要凑满足够可以买书的钱，是一元五角。

师：加上之前的一元五角，总共要花多少钱？

生：三元吧！

师：这个“凑”字，对母亲意味着什么？

生：意味着又要干上好多天的活。

生：意味着她的背会更弯，眼睛会更吃力，手指的龟裂会更严重……

紧紧围绕一个“凑”字，用心“研究”“把玩”，在思索中鉴赏，辨析它的妙处，一个简单的动词，体现了“慈母情深”，思维在辨析中形成，学生对文本的理解超出了文字的本身。

四、比较揣摩——践行由“思”到“辨”的路径

什么是比较文学？比较文学是一门将研究对象自觉地由一个国家或一个民族或一个地区的文学扩展到两个或两个以上的国家、民族和地区文学中进行“跨文化的”综合性考察和研究的学科。简言之，比较文学是在文学研究领域中对要素A和要素B之间关系的研究。所谓“自见者不明”，认识“自我”需要借助将“他者”作为参照，才能更好地把握事物。

我们在解读当下的教材文本时，不难发现，这些五味杂陈的文学作品正成为范本被运用于课堂教学之中，有时会在一个单元出现几篇名家名作，其中有中国的，也有外国的，尤其到了高年级更是如此。如果能够用比较文学的策略去细读文本而后再与孩子们一起回环品鉴，是不是会取得更好的习得效果？

下面，就以《科林的圣诞蜡烛》《穷人》《慈母情深》这三篇小说为例，谈谈如何引领学生感受中外同类小说情感表达方式的差异。

（一）比较两种文本的差异

外国小说在情感表达上更为含蓄、内敛。作家擅长运用环境描写来烘托人

物内心，为情感的表达作层层铺垫。同时，他们擅长用细腻的笔法刻画人物的内心世界，能够让读者从人物心理中探寻背后的情感。外国小说的语言有更多的留白，在字里行间蕴含着人物的情感，这就需要读者耐心地揣摩文本的语言。

《科林的圣诞蜡烛》一文，人物的情感主要围绕“圣诞蜡烛”这一线索来展现。作者在文中埋下了许多意蕴丰富的句子，暗示人物情感世界的变化。例如，一道巨大的光柱越过山谷，穿透浓雾，射向黑沉沉的海面，达菲先生把大油灯点亮了！此句表面上在向读者叙述科林点燃灯塔这一事实，但实际上这是科林内心情感变化的暗示，这具有穿透力的光温暖了科林悲伤的内心，带给他的是希望，是力量。

《穷人》一文则以极其细腻的心理描写表现了桑娜善良、淳朴的美德。桑娜把女邻居家两个孩子抱回家之后，在家等待丈夫归来时，有一段精彩、细腻的心理描写：“他会说什么呢？这是闹着玩的吗？自己的五个孩子已经够他受的了……是他来啦？……不，还没来！……为什么把他们抱过来啊？……他会揍我的！那也活该，我自作自受……嗯，揍我一顿也好！”这段描写将桑娜心中担心、不安、自责、忐忑的各种情感聚集起来，使人物形象丰富起来。

中国小说对情感的表现往往比较直白，我们可以从人物的一言一行中，看出人物内心的情感。如中国当代作家梁晓声的小说《慈母情深》，母子之间的深情便可以从人物的言行之中表现出来。如“母亲掏衣兜，掏出一卷揉的皱皱的毛票，用龟裂的手指数着”。此句中母亲的动作、外貌便可直接让读者体悟到母亲的艰辛与不易，以及她对儿子的爱。另一句“我鼻子一酸，攥着钱跑了出去……”也是直接通过我的动作来写我对母亲的感恩与深爱。

那么，像这样的不同的文本在教学中应该如何落实呢！下面，我想以其中的两个案例加以说明。

（二）揣摩两种文本的思辨途径

还是《慈母情深》一文，梁晓声的情感溢于言表，通过对母亲的几次描写，传递母爱的讯息，让孩子们走进文本的第一步是用他们熟悉的方法先找到文本中描写母亲肖像以及言、行、神的句子，然后加以咀嚼就可以了，例如，文中有这样一段语言：背直起来了，我的母亲。转过身来了，我的母亲。褐色的口罩上方，一对眼神疲惫的眼睛吃惊地望着我，我的母亲……这样一段看似简单的人物神情和动作的描写，内里却是一个平凡母亲辛勤工作的缩影，梁晓声之所以要写这一段，其目的无疑是为文章的主旨画上点睛的一笔，那么这样赤裸裸的文本语言让学生反复咀嚼就是课堂实践中最要做的一件事情了。

师：读读这句话。

师：你读着读着读到了什么？

生：我读到了母亲很辛苦。

师：你是从哪儿读到的，说说看！

生：我从“疲惫”一词读出来的。

生：我觉得“褐色的口罩”也能读出母亲的辛苦！

师：为什么呢？

生：你想呀，要是工作环境干净，母亲的口罩会是褐色的吗？我觉得，“褐色”一词正好写出了母亲的工作环境很差，也就是说母亲很辛苦！

师：是个会读书的孩子，再来读读，老师也写了一句。我的母亲，背直起来了，转过身来了，褐色的口罩上方，一对眼神疲惫的眼睛吃惊地望着我……你觉得哪种写法更好？

生：当然是第一种，因为作者要突出的是母亲的动作和神情，所以要把动作和神情放在前面。

这一个师生之间的比较品鉴的过程是美丽的，老师就像是一个渔翁，垂钓之余收获丰满，品读这样的文本，字里行间并没有太多的隐晦之意，在文本的表面，通过浅显的语言，我们就能走进作者的内心和文本的精髓，所以，读中品味，适当地做一些比较，让阅读成为师生共融的活动。

相比之下，《穷人》一文就没有太多显而易见的描写人物肖像和神情的语句了，文本的前两小节，作者只是花了一点笔墨描写渔夫的家以及一个焦急地等待自己丈夫的妻子，然而，隐藏在这两段文本背后的讯息却是托尔斯泰想要传递给读者的。如何教会学生在这样的文本中走进再走出，是值得我们去思考的问题。

师：读读文章的一、二两个小节，你觉得渔夫的妻子桑娜是一个怎样的人?

生：我觉得桑娜是一个勤劳的女人，因为文中写到地打扫得干干净净。炉子里的火还没有熄，食具在搁板上闪闪发光……虽然家里没有什么好东西，但是桑娜却把家里收拾得有条不紊，说明她是一个勤劳的主妇。

生：我还觉得桑娜是一个爱自己丈夫的女人，因为文中写到古老的钟嘶哑地敲了十下，十一下……始终不见丈夫回来。桑娜沉思着，丈夫不顾惜身体，冒着寒冷和暴风雨出去打鱼……如果桑娜不爱自己的丈夫，他就不会这样想。

师：这短短的两个小节你只是读出了桑娜的这两处吗?还有要说说的吗?

生：我还读出了，渔夫家境贫寒呢！文中第一节和第二节都有写到的。

师：是个会读书的孩子。我们读书就是要这样读——向文本要答案！老师有一个问题想问问大家，既然今天文本的内容就是要写桑娜和渔夫，为什么一开始要花这些笔墨来写渔夫的家庭情况呢?

甲：我觉得是为下文做铺垫，烘托桑娜的善良。

乙：我觉得这样写是为了告诉我们桑娜家很穷，但是她心地很善良。

丙：这样写看似没什么，其实是为下文的故事埋下了伏笔的，一个是突出家境的贫寒，另一方面也隐隐地告诉我们桑娜是一个心地善良的人。

在教学《穷人》一文时，也许有的老师不会在一、二两个小节上花大量的时间去揣摩去研究，可是我却乐于去这样尝试，因为托尔斯泰是想用这样看似平铺直叙的描写为文本以后的故事做铺垫，这样的铺垫往往是我们阅读中容易忽略的盲点，带孩子阅读这样的文字有助于他们进一步了解外国文学和中国文学的区别，在潜移默化中让他们学会阅读不同的文体。

用“比较文学”的眼光去细读文本，再用“比较文学”的眼光去带领学生深入文本，读与不读间反复地推敲，教会孩子一定地读文和鉴别文本的方法，对他们以后的语文学习一定会有帮助的。

五、结语

我们常说阅读本身会闪现智慧的火花，然而再美的火花也要用心去点燃，前些天阅读《小学语文教师》，偶尔看到孙双金老师说到的：激活思维是最大的教学道德，我与他有了些许共鸣，当然思维的激活需要我们唤醒自身对课堂的思考，潜心地调整自己的课堂行为，为实践的有效性做出应有的回应，让课堂闪出异样的光芒。

参考文献

[1] 杨斌．思辨性阅读对儿童高阶思维能力发展的教学策略研究 [J]．学周刊，2019(29).

[2] 樊金梅．小学语文思辨性阅读策略探讨 [J]．中国校外教育，2017(5).

[3] 余党绪．思辨性阅读：在事实、逻辑与情理的纠结中突围——《沙威，沙威》的教学及反思 [J]．语文学习，2016(9).

[4] 吴格明．语文教学应当倡导思辨性阅读 [J]．语文学习，2015(1).

[5] 余党绪．我的阅读教学改进之道：思辨性阅读 [J]．语文教学通讯，2014(28).

第二章 识字教学策略研究

从“字”到“词”的多元教学策略

【摘要】

说到识字教学，许多教师就会有和我一样的困惑，那就是无论我们倾尽所有，拿出浑身解数去教学生识字时，学生中会有一部分学生仿佛永远游离在课堂之外，他们的识字回生现象特别严重，错误率也居高不下，是暂时性的遗忘，还是记忆出现了问题？我们总是这样问自己。让我们再一次回溯自己的课堂，静下心来想一想，是不是识字教学的策略不够多元？大量的机械性的操作，让学生觉得枯燥乏味而提不起兴趣，让识字教学本身无法提起学生的学习兴趣。知识的获得、保留和提取，一直是教学者所关切的学习成果之一，尤其是生字教学，它是一切阅读理解的基础，因为文字辨识的自动化，有利于阅读理解。《义务教育语文课程标准（2022年版）》在实施建议中指出：“要运用多种识字教学方法和形象直观的教学手段，创设丰富多彩的教学情境，提高识字教学效率。”《义务教育语文课程标准（2022年版）》中的“识字、写字教学基本字表”收录了300个基本字，并在“教学建议”中明确指出：“建议先认先写字表中的300个字，逐步发展识字写字能力。”

【关键词】

字词 多元策略

一、识字教学的现状观照

（一）难以“摒弃”的单一化

“集中识字”和“随文识字”是两个截然不同的识字方法，在现有的识字教学中，教师可以运用的方法还是挺多的，除以上两种方法外，学生还可以看拼音识字、看图识字等，不过为了节俭时间，也为了减少麻烦，很多教师还是比较喜欢采用“集中识字”的方法，他们觉得，这样的识字方法效率高，不会在文本教学时突然停下学文而去识字，所以，“随文识字”的方法就被渐渐地忽略了，识字教学脱离语境，显得枯燥、单一、无趣。

（二）无法“割舍”的重“形”意识

汉字是音形义的统一，教学中应该帮助学生建立此三者之间的关系，是相辅相成缺一不可的，不少教师在识字教学的过程中过于关注汉字字形的认知和记忆，学生的识字是在机械性的状态下形成的，所以，造成了短暂性的记忆。这种字理和字形割裂的教学，忽视了汉字的构字规律，也违背了儿童识字的规律，这也是导致学生识字不扎实的缘由。

（三）缺乏学用合一的整体教学理念

识字教学的基本路径是稳定的，从会读到会写，从会写到会记，从会写会记到会理解，最后就是会运用。会读会写是基础，在此基础上的理解和运用才是识字的终极目标。在常态化的识字教学中，很多教师往往忽略了识字与阅读之间的关系，只关注学生识字量的多少，不重视学生识字以后运用的能力提高，从而影响了学生阅读能力的提高。识字教学的理解和运用一定是和文本合二为一的，是相互作用的关系，忽视语言环境对识字效果的促进，学生的阅读思维就无法得到最大化的提升，汉字的表情达意的功能就会被弱化。

二、识字教学中的多元策略探究

多元识字方法的渗透，有助于提高学生的识字兴趣，从而提升他们的识字品质，让识字教学优化有效。多元识字法从激发学生的识字兴趣入手，结合识字语言的环境，重视字理规律，帮助学生形成自主识字的意识，巩固识字教学的效能，建构识字教学的模式，让识字教学从原来的樊篱中走出来，直接指向学生自主识字能力的有效形成和提升。

（一）“字族式”识字

“字族式”教学所使用的教材根据“字族”识字的需要创设相应的语言环境，从而有利区分字族中“衍生字”的音形义，提高识字效率因此经常采用的教法遵循“字从文”的原则，即以读文领先，在反复的朗读中达到熟悉字的教学目的。这样做既充分发挥了教材为识字而精心设计创编的语言环境的作用，也符合“随文识字”的理念。

具体操作：

1. 课前准备，收集资料

课前，教师鼓励学生查阅工具或结合学习、生活中已有知识，积累字族“成员”——形声字。

2. 大组交流，学习字词

课堂上根据教学内容，学生汇报交流收集资料，教师板书，并由该生担当小老师，运用形声字构字特点，形意结合介绍自己的识字方法，教师参与学生的讨论，但要保护学生的独创意识，鼓励其余学生及时补充或提出不同的观点，求得较准确的方法即可，不强求方法的划一和答案的单一。如：

学生甲在识记“尧字族”——“浇”字时发言：“浇花”的“浇”，“浇花”要用水，所以是三点水；“烧饭”的“烧”，“烧饭”要用火，所以是火字旁；“富饶”的“饶”，“富饶”就要有吃的和穿的，所以是食字旁；“绕弯”的“绕”，“绕来绕去”就像是丝线，所以是绞丝旁。

学生乙在识记“青字族”——“蜻”时发言：“蜻”是“蜻蜓”的“蜻”，虫字旁，蜻蜓是益虫的一种，所以是虫部。“睛”是“眼睛”的“睛”，所以要用目字旁；“清”是“清水”的“清”，所以要用三点水；“晴”是“晴天”的“晴”，“晴天”就会有太阳，所以要用日字旁。

“字族式”识字法，由一个母体字出发，然后让学生加部首和偏旁，完成另个字的识记过程，操作时教师给予充分的时间，让学生充分思考，学生往往能讲出远远超出教材识字量的字族生字，在识字的过程中，完成组词和造句的加工，有时候还可以编一首朗朗上口的儿歌，帮助学生记忆的同时学生的识字兴趣完全被调动起来。

青字家族字儿多，
加上三点水就是清，
清、清、清水的清……

3. 学会学习，学会运用

学生认识了字族的生字，会组词扩词，这仅仅是识字的起步。只有当学生能在语言环境中正确使用了，才是积极的积累，才真正达到了大纲中讲的“学会”的要求。因此，在组词扩词的基础上随即进行选词说句或写句。考虑学生之间的认知差异，教学中应遵循“因材施教”的原则，采取分层教学。但对于大多数学生，要求他们选择字族里的几个词语说几句意思连贯的话或一小段话，以达到综合运用的目的。

如：学生学了“青字族”后进行一段“串字”说话练习：

星期日上午，天气十分晴朗。我在阳台上用清清的水浇花。看见有一只小蜻蜓在空中自由地飞。

说话之前，教师应给学生足够的练习时间，让他们考虑充分。说话过程中，教师应注意培养学生认真倾听的习惯，边听边思，能主动对别人的发言作评价，努力创设自由民主的课堂氛围。同时，教师应发挥主导作用，及时纠正学生发言中出现的各种语病，教会他们正确表达语意。这就要求教师有较高的课堂驾驭能力。

字族式识字教学法可以让课堂充分还给学生，用字族式的识字法，学生的学习兴趣也在大幅度地提高，他们在学习中积累相应的生字宝宝，让识字成为一种完全自主的行为，这样既鼓励了老师也鼓励了学生。

（二）由“字族式”识字向多元化整合的识字教学探索

在“字族式”学字的基础上，学生已经有了自己的识字妙招，例如，加部首、去部首、加一加、记字形、拼音认读等。但是，低段正是学生用字写字容易混淆的阶段，学生的暂时性认字较多，随着时间的推移，就会产生暂时性的遗忘。那么，如何帮助学生有效识字仍然是教学的重点和难点，在日常的教学中帮助学生完成对生字词的自主学习，形成自主识字的行为习惯，并且牢记在心不易忘记，这就需要在原有的识字认知基础上有一定的归类意识和积累意识。

于是，我尝试利用学生已有的认知规律，从“归类”和“积累”两处着手，以课堂教学为平台，让学生多识字，巧识字，与伙伴分享识字经验，从而提升学生多元识字的兴趣。

1. 多音字的渗透

以教材为基础的识字教学，本学期较上学期有一点不同，仔细阅读教材不难发现，很多“多音字”藏在文本中容易混淆，所谓的混淆，不仅是字音上的，有时也是词义上的。例如，《拾贝壳》一文中，“扇”字就是一个多音字，文本中两种读音所包含的意思也是不一样的，当作动词用时往往读第一声；当它作名词时，又往往读第一声，教会学生从字音落手，先认清字音再理解词义，在理解的基础上再落实字音，如此往复循环，学生在识字中渐渐参悟到识字方法，进而形成良性的识字循环，为读文做好了铺垫。

适当地拓展，有助于多音字学习能力的相对提高，每一课都找一些多音字帮助学生与多音字交朋友，学生学习字词的量也相应扩大了不少，例如，文本中出现的“模”“当”“斗”“兴”和“累”等。如此这般，时常渗透，时常积累，有助于帮助学生的识字能力的提升。

2. 归类识字的落实

在分散识字的基础上，帮助学生相对归类很重要，按照相同的结构来归类，按照相同的读音来归类，按照相同的部首来归类，在归类中，学生时常会产生一种识字的“思辨”能力，从无中学出有，从有中学出无来。

（课堂实记）《迷人的秋色》

生：我把“灿”和“烂”放在一起学，因为它们都是“火字旁”的。

师：“火字旁”的字你觉得有什么共同点?

生：火字旁的字都和火有关的，如“烧”。

师：你又和大家多分享了一个字，还有哪些字是火字旁的呢？想想看！

生：火字旁“烤”——烤鸡的“烤”。

生：火字旁“燥”——干燥的“燥”。

师：看一看，“火字旁”的字是不是都和“火”有点关系的呢?

（学生分组探究）

3. 拓展识字的衍生

拓展识字是识字教学中要花一点时间的行为，二年级可以适当扩大学生的识字量，那么，就文本中的识字量来说远远是不够的，所以，以文本为原点，抓住个别字进行适当的拓展，有助于学生语感的提升。

（课堂实记）《迷人的秋色》

师：我们一起来学习“串”字吧！你有什么好方法来记住它？

生：我用加一加的方法记住它，两个扁扁的口加上一竖就是“串”。

生：我用象形的方法记住它，我觉得这个“串”字就像我们吃的冰糖葫芦。

师：你们的识字方法都很棒！（板书：串）我们一起读一读，你发现这个字是一个什么字？

生：它是一个数量词。

师：真棒，你说“一串” 什么？

生：一串葡萄。

生：一串香蕉。

生：一串珍珠项链。

师：看一看，“一串”还可以用来形容什么——笑声。

（师板书：一串笑声）

师：再看看，还可以怎么变？

（师板书：一串串笑声）

师：老师再来变。

（师板书：一串串银铃般的笑声）

师：孩子们，你区别着读读，你最喜欢哪一个？

（孩子们纷纷表达喜欢最后一个）

师：这个“银铃般”写出了什么？

（学生议论纷纷）

生：写出了笑声有多么好听。

应该说，我的本意已经不仅仅在于字和词的学习中了，语感的培养就在每一个隐藏于字词教育背后的小小地渗透，这个教学环节告诉我们的孩子，“一串”这个词可以用以形容可触可摸的形象化的东西，有时虚拟的行为也可以用“一串”来形容，这样的渗透有助于低段向高段行进。

（三）由基础识字的多元化向思辨化探究

识字教学也是渗透思辨意识的重要一环，我们就尝试教会孩子用多元的识字方法来自主识字，这样的多元识字方法就是开启学生思维的第一把锁，随着文本内容的加深，思辨的深度和广度便会随之逐渐延伸和扩展，把基础的识字教学和词语的理解结合在一起，打开学生字词学习的新的思路，对于文本的进一步理解，字词在语境中运用的渗透，都会起到事半功倍的作用。

识字教学第一步。《找骆驼》一文的教学中，识字教学依旧是以学生的自主识字为主，除常用的识字方法以外，我们更加关注词语意思的思考和理解，在预设中我们把“骆驼”合成一个词来学习，再把“驼”和“驮”归类学习，在归类的过程中培养学生归纳学习的基本能力，让学生在学习中善于发现，善于化繁为简，这也是一种思维训练的方式，在实践生成的过程中，学生的掌握情况也是不错的。

识字教学第二步。对有关动词的理解，例如“跛”字的学习，预设中先让学生自主识记，然后老师提升学习的要求，让学生思考“跛”字的意思，因为“跛”是一个表示动作的词，所以引导学生做做动作，完成对词语的理解，做动作理解法是最为简易的理解方法，这样的预设为学生的思维设置了一定的坡度，降低难度的同时，告诉学生，有时做做动作可以帮助你理解词语的意思。

识字教学的第三步。学会品味词语在句子中的作用，文章的第九自然段通过两个词语写出了商人对老人的怀疑和愠怒——“不耐烦”“愤愤”，预设分三步走，首先是“自主”“理解”这两个词的意思；其次，带着思考朗读商人的语言，在语言中寻找“不耐烦”和“愤愤”的缘由，（从“详细”“哄”两个词语入手去指导朗读）；最后，回到文本提示语中，再去咀嚼“不耐烦”和“愤愤”的含义，带着理解再去读句子。

三步理解法由浅入深地带着孩子学会用思维的眼光去审视文本的语段，学会在学习中思考词语在句子里的具体意思，使学生的字词学习又有了深入。

（四）由字词学习向短语词汇学习的迈进

二年级识字教学的着眼点由字词学习向短语词汇的积累转移，这样的“转移”源于多重目的，其一是年段要求对词汇的需求较为强烈。其二是看图写话的落实也需要丰富的词汇积淀。于是，课堂中字词学习的侧重点从字音和字形渐渐地转移到词语的基础含义以及同类词语的积累上面，在相关词语的练习中尝试了词性方面的渗透，对于学生看图写话奠定了一定的语言基础。

1. 词的积累

教学《程门立雪》一课，教材文本中有两个描写大雪的四字词语：“鹅毛大雪”“漫天飞舞”，这两个词从静态地描写“雪大”到动态地描写“雪儿飞舞的姿态”，一静一动，让文本的描写生动起来，抓住这样一个文本语言的特点，以它为契机，可以让学生进行有效的积累和记忆。

师：课文最后一个小节有一个描写大雪的词语，你发现了吗?

生：我知道，是“漫天飞舞”

师：我们一起来写一写（指导写词），有了这个词，你仿佛看到了什么?

生（1）：我看到了雪很大!

生（2）：我看到了雪花很多很多!

生（3）：我看到了雪花到处都是……

师：太棒了，这个词语呀！就是用来写雪下得又大又多呢！读读句子，你能看到雪花正在飘呢！

师：那么，你再去找找，课文里还有哪一个描写雪的词语呢？

生：我知道，第二小节有一个——鹅毛大雪。

师：（板书：鹅毛大雪）我们一起再来写一写，看谁写得最认真！

师：看看，这两个词都是写“雪”的，可是，你仔细想想有啥不一样呢？

生甲：鹅毛大雪写了雪片像鹅毛一样大，漫天飞舞写了雪下得很大。

生乙：我觉得“漫天飞舞”的雪花是在动的，“鹅毛大雪”只是写雪花很大……

师：多会思考呀！虽然两个词语都写了雪，但是细细读来却是不一样的。

这个案例给我个人带来的感受是震撼的。我的课堂预设跨度很大，难度也很大，原本以为低年段学生的思考未必能够达到老师需要的点，但是，就课堂而言，应该说远远超出想象。同样的词语，思辨以后的精彩是始料未及的。所以，如果课堂中这样的理解能够带动学生的思辨，并能够在思辨的基础上完成词语的积累，那么教师何乐而不为呢？这堂课的课后，学生围绕描写冬天的词语，还自主积累了很多四字词语：寒风凛冽、北风呼呼、大雪纷飞、冰冻三尺、天寒地冻。不仅如此，他们还能依据自己的积累完成适当的归类，如描写风的、描写雪的、描写冰的等。

2. 词性的渗透

教学《发烫的手指》一课，从文本挖掘了一个语言文字的训练点，那就是文本第三小节中的一句话：**他不时地把手在水盆里浸一下，然后甩甩双手又继续弹琴。**这句话看似简单，但是，可以挖掘的语言文字教学点却还是有的，那就是动词的教学，于是，这节课围绕动词展开教学，渗透低段的作文教学，让课堂丰满不少！

师：谁来读读第三小节描写贝多芬弹琴的句子？

师：拿出铅笔，用小圆圈圈出表示动作的词。

师：和老师一起来板书：浸、甩、弹（注意写“甩”的时候最后一笔的小尾巴要甩出来哦！）

师：我们一起抓住这三个表示动作的词，把句子读好，边读边做做动作吧！

师：我们一起来给这些动词编一个序号，想一想，可不可以把它们换一个个儿来说？

生：不可以的，因为动作有先有后的。

师：是呀，我们不仅要用动词来写句子，还要注意每一个动作是有顺序的哦！现在呀，老师来表演一个小品，你来数数有几个动作呀？

（小品《上课铃响了》）

众生：打开—走进—关起—走到—放下—拿起—转过身——写字。

师：谁能把这些动词连起来说说看？

师：看看，动词太厉害了，只要用上它，我们就可以写好句子和文章。

这个案例带给我的感受也是震撼的，这个环节的预设不仅让课堂的气氛非常愉快，师生共融的场面也让课堂充满了张力。预设过程中，教师没有只是停留在文本的本身，而是通过丰富形象的拓展，立足于学的本身。从动词的积累，到动词的运用，在运用的过程中教会学生有顺序地表达，巩固了文本中的动词学习，更是让学生对动词在语境中运用有了全面更真实的训练。

三、多元字词教学的价值和作用

首先多元教学根据汉字的构成规律，将有效的识字方法教给学生，使学生掌握学法自行识字，以扩大识字量，为自我阅读扫除障碍。这样既培养了学生学习语文的浓厚兴趣，又提高了自己识字的能力。由于字族识字需要有一定的识字基础，因此教学还应与课本学习有机整合。

然后多元式探究性教学为学生创造了一个宽松、和谐的学习环境，在交往活动中，为学生创造了更多自学机会和自我表现机会，发展了学生用独立思考和探究的态度对待识字学习和语文学习的能力，在探究性识字学习过程中建立起了民主平等的师生关系。这种互动的师生关系，对学生而言，主体性凸显、个性彰显、创造性解放。对教师而言，上课不是传授知识，而是一起分享理解。

而且多元式教学转变学生的学习方式，提倡自主、探索、合作地学习，让学生成为学习的主人，使学生的主体意识、能动性和创造性不断得到发展。学生识字与运用有机结合，“字不离词，词不离句，句不离文”，在整体融合的语言环境中，培养了良好的语文学习习惯，提高了语言表达能力。

最后多元式教学面向全体学生，提出了统一要求，又考虑到学生的个体差异性，做到了分层教学，因材施教，为实施素质教育提供了有力保障，使每个学生的语能力得到了发展和提高。

参考文献

[1] 赵世露．小学语文字词教学中形象思维锻炼的有效措施[J]．教育界，2023(1)．

[2] 罗天亮．语文字词教学“边缘化”现象的思考[J]．新课程，2020(20)．

[3] 汪媚．小学语文字词教学巧取舍[J]．小学生（中旬刊），2019(12)．

[4] 周秀英．谈谈小学语文字词的总复习[J]．甘肃教育，1983(5)．

第三章 作业策略研究

“双减”背景下中年级阅读教学中微型作业单的设计

【摘要】

小学语文中年级阅读教学中微型作业单的设计，是基于“双减”的背景下生成的，其目的是优化小学语文中年级作业设计，这样的设计具有深化课程改革、促进学生全面发展、提升教师能力的重要作用。当下，小学语文作业设计存在教师作业观念更新不彻底、作业总量偏多、作业类型单一、作业缺少层次性、作业资源联动性差等问题。针对这样的现状，教师在设计作业时，应厘清作业设计依据，更新作业设计理念；简化作业设计的体例，开展单元作业设计，实现作业统整；丰富作业类型，提升作业针对性和适切性；联动多主体资源，提供作业保障系统，以保证小学语文作业设计达到减负增效的效果。

【关键词】

阅读　微型作业单

一、研究背景

古语有云：温故而知新。所谓的“温故”和“知新”其实就是对已有的知识进行有效复习的过程，于是，就有了“作业”这一样看似唯一的检测学生学习所得的单一渠道。学生课中学法，课后习法原本是一件乐事，但是，如果只是追求作业的“量”而非“质”，那么我们的作业就存在“形而上学”的疑虑了。《义务教育语文课程标准（2022年版）》在谈到学生语文能力习得时有这样的描述：语文课程应该是开放而富有创新活力的。应当密切关注学生的发展，增强语文学习的自信心，养成良好的语文学习习惯，注重情感体验，发展感受和理解能力的形成。就《义务教育语文课程标准（2022年版）》的内容来看，机械化的作业已经无法满足学生现有的学习状态，也不符合学生灵动发展的目标。

就国内外现有的作业设计的状态来看，趋于家庭化的作业越来越深得老师和学生的喜爱，容量少，内容丰，所谓的“小身材大味道”的作业已经悄然进入现有作业模式的探索中，于是，只有缩小原有的作业量，才能提高作业应有的效能，微型作业单的研究，让我有所体验。

“微型”即容量极小，内容相对凝练。微型作业单整合学生已有的年龄特点，整合教学内容，精心设计训练点，简短精悍地完成复习和巩固旧知，是有效检测学生课堂绩效的一种作业策略和模式。

二、课后作业现状分析

我认为，现阶段作业的布置可能存在以下几个方面的问题。

机械式抄写：所谓的“机械式”抄写通常存在于新授课中，有时，也会存在于巩固和复习的作业中，新授课中，老师会让学生大量地抄写一些难写字或者本课中的生字词语，虽然随着分层化作业的推广，对于不同的学生有不同的抄写要求，但是“机械化”和“单一”地抄写作业无疑会让学生对作业产生倦怠感。

反复背诵：我们常说语文学习就是一个“听说读写”的过程，因此，必要的记忆有助于学生语感的养成，于是，背诵的作业也是作业中的“主打”。课文有选择的语段背诵对记忆力好的孩子而言是一件轻松的事儿，但是，对于那些学习有困难的学生，这样的背诵反而加重了他们的学业负担，学业的绩效就此被搁浅。

以课后练习为主的作业：教材编写中，在课后附有作业内容，这些作业内容有助于学生对文本的熟悉和巩固，但是，有些题目只是简单地对文本内容的重复，没有起到对文本“再加工”的作用，也就是说，完成这样的仅为巩固文本的作业，学生的思维不一定就会有灵动的发挥。

“拿来主义”的盛行：我们也会尝试拿一些教辅书籍作为课后拓展的练习，用以巩固和复习已学到的课文中的知识，或者是归类总结一个单元学习的知识，但是，“拿来”的东西，未必就适合我们的学生，这里面有时还存在一个取与舍的问题。

三、微型作业单的设计策略

策略一：作业单的模式化

“微型作业单”主要针对精读课文，依据教学大纲的教学要求，设计了从部分到整体的“字词——句子——语段——课文”，完成对文本的理解和语文知识点的巩固。这一个从字词到篇章的模式的认定具有两大功效：既能方便作业单的模式化编撰，又有助于学生思维的顺向发展。依据学生的年龄段，他们的思维总是有一个由浅入深的过程的，字词相对简单，因此就放置在作业单的最前端，语段和课文内容的理解相对思维的要求比较高，因此就放置在作业单的尾端，整张作业单只占A4纸的一半，内容极其精简，让学生的作业不再是一种负担。

如第七册《留住今天的太阳》的微型作业单的内容包括给黑体字注音、用关联词造句、理解句子和理解课文四个部分的练习。这四个部分的练习难度是依次递增的，字词是基础，遣词造句又是理解句子和课文的基石。（如图1所示）

作业单的模式化，让学生的学与教师课堂的教融合为一个整体，当作业单折射课堂教学的成效时，这样的作业单正好是学生学业绩效的反应，教师也可以依

6、留住今天的太阳

姓名：__________

一、注音

山坳（　　） 不禁（　　） 伫立（　　）

笑吟吟（　　） 照例（　　）

二、用关联词造句

是……而是……

____

不是……而是……

____

三、理解句子

这几步看起来微不足道，但作用却非常大。

____

____

四、关于课文

“我”用什么办法留住今天的太阳？

____

____

订正：

____

____

图1《留住今天的太阳》微型作业单

据学生从字词到篇章的作业完成的现象简单地了解学生课堂所学的质量。当然，并不是每一篇文本所设计的作业单都是一样的，不同的文本有时还要依据文本自己的特色设计不一样的更有效的作业单。

策略二：与“语文能力”的相契合

语文综合素养的提高是语文教学的制高点，今天的学习是为了明天的不学，“授之以鱼”不如“授之以渔”，于是，作业单是为学生编织一张语文学习的网，这张网不仅是存在于课堂教学的进行中，更是应该放置在教学环节之后的。

进入高年级的学习，学生往往重视了篇章，弱化了对最基础的字词的音形义的关注，为了不使字音成为教学和学生语文能力获得的盲点，我觉得有必要在“作业单”里增加“注音”环节，让学生关注到字音的重要。

案例一：

如在第八册《燕子》一文的微型作业单设计中有这样一个环节：

一、注音

凑成（　　　　　　）伶俐（　　　　　　）沾（　　　　　　）

小圆晕（　　　　　　　　　）水磨（　　　　　　）

不是每一张作业单都会有注音这样的题型，但是关注字音是作业单里很有特色的一项内容。因为，语言文字的学习是“听说读写”的全过程，这一个“读”字就特别有讲究，读准字音是所有一切“读”的前提，我们现有的教材中有很多字词的读音都是需要反复斟酌的，这些字音包括许多常用的多音字，还有一些带有歧义的字音，貌似很清晰的读音在不同的文本和语言环境中，它的读音就会是不同的，因此，正音是一件很有必要去做的事情，在《燕子》一课中，“水磨”的“磨”字就是一个学生容易搞错的字音，通过课上的正音，学生已经知道了这个字在“水磨”一词中读第四声，然后，课后学生会有回生的现象，因此，作业单中的第一个环节就是考量课中对于这个词语的读音的掌握程度。像这样的读准字音的环节看似有点传统甚至有些模式化，但是，这样的练习完全有它存在的必要。

策略三：与“思维发展”相契合

在语文学习中，学生的思维发展是一个多元化的结构图，在这张多元结构图里，思维能力的体现也是多元的，读与写相结合就是语文思维中的一朵奇葩。读写相结合是作文教学的“前驱”，学生学会有序表达以及细节化描写的载体就是我们现有的文本，纵观现有的教材文本，我们不难发现有许多名家名篇，即使没有纳入名家范畴，也有很多文本从写作的角度来看都是值得一仿的。

《燕子》一课的第一小节，作者郑振铎对于“燕子”外形的描写，言语不多，但是词汇量丰富，描写也有序，所以，课中老师教会学生读语段，分析语段，品味语段，课后让学生去练练笔，于是在《燕子》一课的作业单的设计中，有这样一个环节。

1. 学习第一小节的方法，用几句话有顺序地写一写“猫”的外形。

____

____

____

同样地，在《小溪流的歌》一文中，老师也有这样的读写结合的设计：

对话仿写

提示：请你依据文本中5~7小节的对话方式，想一想小溪流还会遇到谁？他们之间会有怎样的对话呢？

____

____

____

同样是读写结合点的设计，因为文本呈现的内容和作者的写作手法不同，教师的设计模式和设计的点也是不一样的。《燕子》一文的语段仿写从文本的第一小节着手，让学生依葫芦画瓢地叙写；而《小溪流的歌》一文的读写结合点的设计就完全不同了，它的设计是以文本为蓝本，让学生拓宽自己的思维，展开合理的想象，把未知的角色对话用三种对话的形式写下来。

为什么要设计不同的读写结合呢？其实并不难回答，因为不同的文本所呈现的特色是不一样的，作者的写作手法当然也是不一样的，要有效发展学生读写相结合的思维，须灵动变化设计的方式，当然，不同的设计点又与老师对文本的解读有着密不可分的关系，所以，在设计作业单的前期和后期，老师必须反复斟酌文本的特色，了解作者写作的特色，才能做出最佳的判断。

策略四：与“语感提升”相契合

阅读教学的最终目的是养成学生自主阅读的习惯，形成自主阅读的策略，这样的“策略”的形成不是单单从课堂35分钟中讨要来的，而是在课后拓展中渗透而来的。自主阅读的策略之首是先完成学生有待于开发的“语感”问题，有了一定的语感就能有效生成自主阅读的欲望，递增阅读的有效性，当然也进一步地提升了语文学习的能力。

作业单不依赖于课后设计，但也不是游离在课后练习之外的，因此，每做一张作业单，教师需要仔细研究一下课后的练习，然后进行一次精心的“大浪淘沙”，把需要的留下，把不要的剔除，还有一些留下以后还要整改的内容，整改可以是延续，也可以是拓展，当然，也可以是修复。

在第八册《解开雷电之谜》一文中，课后有关于一个区别词语意义的练习，这个词语练习中出现了三个词语：揭开、翻开、打开，这三个词语意思相近，对学生的语感要求很高，因此单独理解无法解决学生的语感提升问题，只有把细雨放置于一定的语言环境之中，才能深切感受词语的含义。应该说，这是一个不错的练习，在我的课后微型作业单里，我对此题做了一些调整：

区别词语再填空

掀开　揭开　翻开　打开

1.（　　）崭新的书本，我心潮澎湃。

2. 丁丁饿极了，回到家，直奔厨房，（　　）锅子，拿起早上没吃完的馒头就咬起来。

3. 妈妈（　　）我的被子，大声叫："小懒猪，还不起来！"

4. 我（　　）那个礼品盒子，嗨，真是我喜欢的手表呢！

教师在这个练习中做了两项调整，首先增加了一个词语"掀开"，"掀开"一词与"揭开"一词很容易混淆，有必要让学生进行巩固区别，然后提升语感；其次，把所有文本后面的填空练习的句子模板进行更换，也就是说，让学生在完成课后的练习以后，进行二次练习，在二次练习的时候增加一个层次的难度，让学生对这四个词语的理解加深印象。

语感提升是我们老生常谈的话题，但是说说容易做起来却有一定的难度，有时无痕化的小练习却能够提升学生语感程度，所以不要忽视每一个细小的作业环节，一个小小的作业环节的设计，也许就为他们的语感生成奠定了有效的基础。

策略五：与"单元目标"相契合

在"双减"背景下，布置有效的作业成了教师需要攻坚的一项任务，作业的难度该如何把握，作业的量化该怎么衡量，都是值得去思考的问题，教师应研读教材，以一个单元为周期，从单元的目标出发，由大到小，由浅入深，由表及里地安排和设计适切的单元课时作业。我们做了一点尝试，尝试的过程略显艰难，但是我们"痛"并"快乐"着，当一个单元的作业习题完成的那一刻，不禁长舒了一口气，原来，单元作业的设计，每一课都有着教师心血和智慧的凝结。

四、课后作业目标分析

（一）聚焦教学目标，落实课时作业目标

打开教学参考书，每一篇课文的课时目标清晰可见，然而这样的课时目标存在两个最大的问题：其一，教学目标没有分割成有序的课时目标，也就是说，如《牛和鹅》这样两课时上完的课文，只有一个笼统的教学目标，并没有每一课时想要达成的细致的目标；其二，教学目标是教师课堂需要达成的这篇课文的教学任务，它不能代替课时作业的目标，除了表述上存在差异，既定的目标范围也太宽泛，不能起到落实到习题的作用。综上所述，课时作业的目标必须依靠教学目标重新拟定。根据《牛和鹅》的教学目标，依托文本，评估了四年级这个年龄段学生知识认知的架构，我初步拟定了以下的几项课时作业目标：

课时名称	序号	课时作业目标描述	对应单元目标
《18. 牛和鹅》第一课时	1	读准多音字“吁”	2
	2	能合理地运用冒号、分号和破折号	4
	3	抄默“甚至、拳头、顽皮、故意、衣襟”5个词语	3
	4	能从多种角度给文章做批注	7
《18. 牛和鹅》第二课时	1	抄默“恐怖、欺负、无缘无故、鞋子、结实”5个词语	3
	2	能从多种角度给文章做批注	7
	3	能借助相关的词句，表达“我”见到鹅和被鹅袭击时的心情	8
	4	能说出对“直到现在，我还记得金奎叔的话”这句话的理解	6

“能合理地运用冒号、分号和破折号。”这则作业目标在教参的“教学目标”里没有呈现，研究了文本，也结合我们四年级这个年龄段的认知特点，我觉得有必要把这三个标点符号的认知作为巩固练习的作业要求来呈现，因为在日常的练习中，不少学生对于这三个标点的作用还是存在疑问的，为了减少这样的差异，巩固旧知，联结新知，这样的作业目标不失为一种策略。

（二）多元开发习题，夯实课时作业目标

例1：

读句子，选择加点字的正确读音。

这时，有一个顽皮的孩子故意要引它们来，就吁（xū　yū）哩哩哩地叫了一声。

这次赛跑，他遇到了强敌，跑得他气喘吁吁（xū　yū）。

说明：依据《牛和鹅》课时作业目标第一课时的第一个目标，我拟了以上一道关于读音的题目，摒弃了机械地看拼音写汉字，也去除了单一地给字词注上拼音这两类题型，我选用了在一定的语言环境中选择正确的读音，设置两个情境：一个是来自文本的情境，一个是自拟的情境。在一定的语言环境中选择正确的读音，为学生设置了一定的答题坡度，在减轻难度的同时培养了学生的语感。

例2：

读课文思考：为什么“直到现在，我还记得金奎叔的话”？

提示：金奎叔究竟说了什么话？金奎叔这样说给了“我”什么样的启发？这样的启发对于“我”有什么样的作用？

____

____

这道题分两个部分组成：第一部分是一个题干，第二部分是一个提示。提示部分为题干的完成提供了一定的坡度，其实这道题直接指向的是文本的主旨，在金奎叔说的话的背后是作者想要阐述的中心思想——不能仗势欺人，欺负弱小。思辨这道题有助于学生完成对文本的深入理解，在“提示”的支架下，学生完成题目的效率也应该有所提升。

（三）结合练习册，达成课时作业目标

例1：

根据课文内容将句子补充完整。（练习册）

1. 放学回家路上，看见四只大白鹅，“我们”________________________________

____

____

2. 鹅上岸朝“我们”走来，“我”________________________________

____

____

3. 老公鹅咬住“我”的衣襟，“我”________________________________

____

____

读文，梳理文本的内容，也是学生获得阅读策略的好方法，《牛和鹅》一文篇幅较长，梳理文本，厘清脉络，了解和提炼文本的主要内容是不可或缺的，这样的一个补充练习，把关注点聚焦在“我们”每次见“鹅”的反应，足见鹅在我们心中的印象，因为惧怕，我们的行为也是小心又小心的，这个过程把我们的表现梳理得淋漓尽致，也为文本主旨的体现埋下了伏笔。

例2：

读下面的批注，想想它们是从哪些角度给文章作批注的，选择对应的序号填在括号中。（练习册）

①对课文内容的理解　　②对课文内容的体会

③对写作方法的点评　　④对文后获得的启发

1. 事情真的是这样吗？（　　）

2. 看来鹅并不可怕，只要不怕它，鹅就不敢欺负人了。（　　）

3. 几个具体的动词，就把“我们”对鹅的恐惧写出来了。（　　）

4. 鹅之前多神气，现在多狼狈啊！（　　）

本单元的语文要素就是“学习用批注的方法阅读”，所以在课时作业目标中确定了“能从多种角度给文章做批注”的目标，与这个目标相匹配，我们发现练习册中有这样一道题，有助于提高学生掌握这一语文要素。这道题题型灵活，难度适宜，角度多元，完全符合学生的认知规律。

在单元作业的设计过程中，我们摸索着前行，从目标的确定到目标在拟题中的一点一滴地落实，应该说经历了一程又一程的历练，但是梳理和完成的背后是一次次对单元整合熔炼的收获，总之，“痛”并“快乐”着。

五、结语

我们不崇尚所谓的题海战，但是无“题海”也是万万不行的，因为，语言文字不是“嘴上谈兵”的过程，“落笔”还是关键，让学生的智慧不能仅停留在课堂上口若悬河地说，还要落在纸笔上！

落在纸和笔上也不是一句空话，应该有行之有效的方法，我不敢说“微型作业单”一定是行之有效的方法，我只能说，那是一个在做中学、学中做的艰苦的尝试过程，在“作业单”的设计过程中，我有了对文本更细化的解读，在解读的过程中对相关的语言文字的知识点做了梳理，看着学生做的每一张作业单，在减负增效“曲终和寡”的当下，我觉得唯有“有效”才是真实而有意义的。

参考文献

[1] 毕延冰．小学高年级语文作业设计研究 [D]．济南：山东师范大学，2016.

[2] 娄丹丹．小学高年级语文课后作业设计的现状及对策研究 [D]．新乡：河南师范大学，2013.

[3] 中华人民共和国教育部．义务教育语文课程标准（2022 年版）[M]．北京：北京师范大学出版社，2022.

[4] 上海市教育委员会教学研究室．小学语文单元教学设计指南 [M]．北京：人民教育出版社，2018.

[5] 方建兰，汪潮．“双减”政策下语文作业的设计趋势 [J]．语文建设，2021(22).

[6] 刘亚琼．基于多元智能理念下小学语文个性化作业设计研究 [J]．新课程，2020(19).

[7] 杨清．“双减”背景下中小学作业改进研究 [J]．中国教育学刊，2021(12).

第四章 习作教学策略研究

由浅入深 细化打磨

——浅谈作文细化描写的尝试性研究

【摘要】

叶圣陶先生早就在《叶圣陶论语文教学》中指出："写作的根源是发表的欲望，正如说话一样，胸中有所积蓄，不吐不快"，强调了作文的两个前提：一是有所积蓄，打算发表；二是交际环境的需要。魏占峰在《真实的写作：作文教学改革的根本出路》一文中强调：作文是"学生为真情而写作，为兴趣而写作，为交际而写作，为实用而写作"。综上所述，不难解读——写作应该是一种呼之欲出的本能，即能够调动写作者主观能动性的一种行为。在日常的教学过程中，我们发现，学生下意识地畏惧写作，常常还游离在写作的围城之外。

【关键词】

细化描写 尝试性研究

一、小学语文习作教学现状分析

（一）言之无序

《周易·艮》："言有序，悔亡。" 我们现在所理解的"言之有序"指的是，说话和写文章很有条理，纵观已有的作文教学经验，读学生的文章，言之有序的少，言之无序的多，也就是通俗地说，很多孩子在自己的写作之初根本就不清楚如何布局谋篇，言之有序，笔者认为现有的言之无序主要存在以下的问题。

1. 语序的紊乱

所谓的语序的紊乱主要来自学生对一句独立句中词语位置摆放得凌乱，也就是主谓宾定状补的摆放位置的差异。在语言文字架构的过程中对于词语意思的不了解和不通晓往往会导致语序的颠换，学生本身已有的知识积淀也导致他们是否能够正确有规则地使用适当的词语，让词语能够完整地呈现在句子环境当中，低段的学生语序颠倒的居多，这样的语序倒置就会影响学生表达的通畅，也是导致写作不规范的罪魁祸首。

2. 短语的错杂

短语常常是在二年级这个年级段强调的语言文字训练点，小学阶段最多的就是偏正和动宾的搭配了，有时也会有并列搭配的短语，我们在学生的习作中经常看到他们尝试用短语表达，但是在使用短语的过程中又会弄巧成拙而适得其反。

3. 句序的颠倒

句序颠倒是学生作文里最常见的毛病了，在描写一个人物的文章中，人物应该是先想再做，在叙事的过程中，每一件事情都是按照一定的顺序去完成的，可就是我们通常认为学生已经掌握的最基本的写作手法，学生呈现的作文颠三倒四的大有人在，句子顺序表达的混乱导致文章读起来不通畅。

（二）言之无物

除言之无序之外，影响学生习作水平提高的有一个因素就是“言之无物”，现阶段所谓的“言之无物”主要体现在以下三方面。

1. 材料单一

看学生习作，我们时常发现习作内容千篇一律，材料的单一影响和制约学生本身作文能力的提高，这样的材料“限制”主要是因为学生生活的单一，学校生活占据孩子一大半的生活空间，“两点一线”的生活模式，让他们“巧妇难为无米之炊”。

2. 内容空洞

有了现成的好材料也未必能形成一篇好文章，材料只是骨架子，要让架子有血有肉那还得下一番功夫。我们不难发现，学生的习作细腻的少，报流水账的多，语言干涸，内容笼统，毫无新意可言。

3. 遣词简陋

遣词造句是文章润色的关键，很多学生的习作缺少的就是这样的功夫，词汇的空乏在于积累的缺失，在阅读体验基础上的自主积累不能成为学生语言文字学习的本能，因此，我们在读很多学生的作文时觉得味同嚼蜡，感受不出语言文字的美丽。

（三）言之无韵

文章的“韵”是文章真情实感的归宿，“韵”又分韵头、韵尾和韵腹，韵头和韵尾即文章的开头和结尾，也就是通常我们所说的首尾呼应，点明中心。而韵腹是文章最关键的段落，学生韵腹中的无韵味主要体现在两个方面：有语言表达，无情感体验；有情感渗透，无真情流露。依据年级段的不同，学生表情达意的水平也就不同，我们在学生的作文中很少看到真正表达自己真实情感的文字，很多的只是套话和官话，这也就是学生作文“读之无味”的关键。

综上所述，笔者认为，作文教学的止步不前既有学生自身发展的限制性因素，也存在现有的作文教学手法凝固和传统的因素，作文指导过于单一和模式化导致了作文教学的空洞和无趣，产生了“为作文而作文”的误区。什么是“细化”，“细化”就是详细地分解和分析。那么什么是作文教学中的“细化”？作文教学中的“细化”指导方法的研究就是在固有的作文教学教法的基础上开辟一条蹊径，追寻新的指导方式，明确习作中可以细化的点，依据可以细化的内容，有顺序地、有节奏地、有意图地用比较细腻的笔触来参与习作的过程。

二、作前阅读，让“细化”有章可循

作前阅读是学生写作开始前的热身环节，我们通常会忽略这样的一个环节，或者是觉得范文阅读的环节会让学生产生思维定式，其实这样的理解有“以偏概全”的嫌隙，在习作前找到与文本写作相匹配的作前阅读，其目的并不是让学生依照和仿制现有的作文，而是适时地为学生打开一扇可以通往写作蹊径的小窗，让他们在看中悟，读中感，从而明确一类作文不同的文本写作思路和环节。作前范文的来源渠道是多元的，一部分来自学生以往的写作积累，也有一部分是名家名作，还有的就是老师本人的下水作文了。在“细化”研究中，不同性质的文本老师推荐了不同的作前阅读法，让学生充分阅读，每一篇习作前都会有两篇或两篇以上的作前阅读提供学生鉴赏。

（一）取自少年作家

顾名思义范文主要来源于一部分少年作家的手笔，这些作品有的取自杂志，有的取自我们语文的文本，笔触生动，富有童趣，迎合学生的心理。

如《春天来了》一文中，作前的三篇阅读来自少年作家，文本的语言充满童趣，所用的修辞手法丰富而饱满，足可以让学生在不同的“春光”中游历一番，游历至于，自己再写春光的时候就有呼之欲出的冲动。

（二）取自名家名篇

名家名篇在作前阅读的选择中占到了很大的比例，名家的作品笔法老练，用词精妙，值得学生阅读借鉴，当然，在选择名家名篇时要谨慎细致，因为很多名家作品不符合相当年龄段的一般学生阅读。

如《我喜爱的小动物》一文的作前阅读，我选用了两篇名家名作，一篇是屠格涅夫的《麻雀》，另一篇是郑振铎的《珍珠鸟》，风格迥异的文本，让学生的作前阅读充满生趣，同样是写小动物立意完全不同，《麻雀》写了母爱，《珍珠鸟》写了作者与鸟儿间的意趣，也就是在阅读中潜移默化地告诉学生，同样是写小动物，你的目的不同，文章细化的呈现就会是不一样的。

（三）取自下水作文

教师的下水作文有的时候针对性更强一点，教师完全可以依据要知道的一类文章，摸索它的规律，给出学生最能够学到的范文样本。

如《我的烦恼》一文的作前阅读，我写了两篇下水作文，一篇题为《急》，另一篇题为《都是xx惹的祸》，不同的文体，但是写作意图与要指导的《都是xx惹的祸》的一文却是不谋而合的，让学生在阅读之余明确写作的内在方法，找到写这一类文章的切入点，这样的作前阅读绝不会再是为了阅读而阅读的空架子了。

三、作中指导，让“细化”有法可依

习作指导中的“细化”就落实在如何教会学生在自己的作文中表达情意从而表达自己，“表”什么样的“情”？“达”什么样的“意”？在不同的文本写作中都应该是不雷同的，在教会学生表达的同时，还要教会他们如何细腻地有情感地表达，那才是“细化”的真谛。于是，在作文教学的作中知道区域，老师需要花很多的时间去教“细化”，教“表达中的细化”，这样的教学往往是渗透在前期阅读文本的梳理和咀嚼之中的，因此，这就让前期的阅读成了一个很好且有效的教学载体，在“细化”研究中起到了承上启下的作用。

（一）细化研究之——结构与框架

什么是文章的结构，那就是文章在写作过程中所传递的分合与曲直，疏密与虚实，以及抑扬与张弛。小学阶段，以基本段落方式为主的文章全篇的架构分为语段架构和全篇架构，语段架构由总分、分总、总分总的段落结构模式构成；全篇架构依据主要文体的不同，结构的框架有所甄别，写景状物类的文本主要以段落结构为主要的文章架构，写人记事（以事写人）的文章，常见的架构由篇首点题，篇末押题，首尾呼应，中间部分又以起因、经过、结果为结构来叙写。这样的写作架构在写作“细化”研究中作为首个需要训练研究的点来实践，也就是教会学生如何依据文章的不同来布局谋篇。

1. 文本中的段落结构

例如，《威尼斯小艇》一文中，在介绍船夫的驾驶技术时，作者就运用了总分的段落结构方式。指导学生了解总分段落结构的优势，明确写作方法的实践和大成，知道总分段落结构中分述部分运用了“铺叙”的手法把总起中的关键词分几个方面表达“细化”的过程。在此基础上，训练学生完成了《落叶》一文的续写，学生尝试运用总分的段落结构，在分述之处用了铺叙的手法，把一片落叶分颜色、大小、形状、作用等几个方面写清楚。总分段落结构和铺叙手法的写作运用，让学生的写作在“言之有序”的状态下进行了有效的“细化”，让文章语段不再是杂乱无章的。

2. 文本全篇的布局谋篇

教会学生运用一定的段落结构模式写作语段，让写作有了一定的骨骼，也有了一些章法。然而就习作的全篇来看，能够搭架子的学生并不多，在“细化”实践的过程中，笔者尝试用表格的方式，让学生了解不同文本的搭架法，表格的设计疏密相间，在初始阶段表格设计比较“密”——教师直接给一个框架，让学生把需要细化的内容按照提示填写进去；深入阶段，表格设计就比较“疏”了。也就是说，教师只给一个很宽泛的轮廓，让学生在此基础上细化文章的内容；第三个阶段，学生可以自主搭建自己文章的框架，在写作的过程中进行微调。

（二）细化研究之——修辞与润色

除了“言之有序”，“言之有神”可谓细化研究的重中之重了，让文本不枯燥的法宝就是运用一定的修辞手法来写作，当然，不是每一篇文本都是需要修辞的，不同的文本在表达上的侧重点也是不同的。比喻、拟人、排比、反问作为比较基础的修辞手法，在写作中起到了画龙点睛的作用。在“细化”研究中，对于一类文本的续写，我们可以采用修辞细化法来进行。

例如，《春天来了》一文，对于春天植物以及动物的描绘学生学会了运用修辞的手法把他们写活，在《春天》的写作中，小树会跳舞，小花会微笑，小河会唱歌，一切都是活的，在学生的笔下，修辞细化法运用的最为自如，也许是每一个孩子都是一个童话大师的缘故吧！每个学生都有了一支神来之笔，声情并茂的描绘让文章本身会说话了。

（三）细化研究之——遣词与造句

语言文字的研究在于反复咀嚼文字，徜徉在文字的长河中才会嚼出文本的意蕴，因此，当我们提到文本写作的“细化”时，怎能不谈到“遣词”呢！狭义上的“遣词”和广义上的“遣词”是完全不同的概念，我认为狭义上的“遣词”是为了作文而遣词的遣词，而广义上的“遣词”则是已经形成某种习惯的遣词的能力和行为，它是堆砌又不是单纯意义上的堆砌，“磨句”亦是如此，在“细化”

研究的过程中，我们希望学生学到的是广义上的“遣词磨句”能力，也就是能够自然而然地积累和运用自己所学到的好词好句，并且针对不同的写作文本加以梳理和堆砌，这些个好词在文本中绝不是“画蛇添足”，而应该是“点睛之笔”，能够在恰如其分的地方对文章加以修饰，让文章增光添彩。

《同学之间》一文的写作中，在写到被同学帮助时，学生找到了一些能够堆砌自己情感的词语：热泪盈眶、泪如雨下……《看妈妈做菜》一文中对妈妈手艺娴熟的一连串的动词的描绘；《吹泡泡》一文中描写泡泡诞生时的词汇：晶莹剔透、绰约多姿、形状各异、大小不同……所遣之词来自文本，也来自课外的衍生阅读，这样的多方位“遣词”对丰富作文，细化文本本身起到了生辉的作为。《卡通百变任我行中》对于想象“龙堡植物大餐”的描写，从菜的烹饪方式的罗列，到菜的样式的罗列，以及到装菜的盆子的大小形状的罗列，如此这般的“细化”，让文章本身充满了画面感。

我们知道遣词和造句是不可分割的整体，在遣词的同时磨句是细化研究的又一个渠道，写作中的“磨句”是一个推敲的过程，这样的过程有利于学生在写作中语感的培养和凝练，就三年级这个年龄段而言，学生自身的磨句能力形成几级分化的局面，有的孩子语感很强，在写句构文的同时能够估计到句子产生的不同的表达效果，但是有70%以上的学生没有形成良性的态势，对于句子的续写存在一定问题，也就是说，在“细化”描写的过程中，教会学生如何参与“磨句”是需要花一点时间的。

教会学生结合关联词来磨句。同样的句子可以合二为一，例如，我的同桌很聪明，我的同桌很漂亮，可以磨成：我的同桌不但漂亮，而且聪明。

教学学生用辨析的手法来磨句。例如，妈妈的腿很沉。妈妈的腿像灌了铅似的很沉。通过辨析学生很快就能发现，第二句比第一句写得更好，更能够体现出妈妈的劳累。

教会学生抠字磨句。例如，妈妈把硬币往我手上一塞：“快拿着，买早点！”妈妈把硬币往我手里一放：“快拿着，买早点！”一个“塞”字和一个“放”字，一看便知，“塞”字更能够体现妈妈爱子心切。无论是哪一种“磨句”法，对学生的细化写作都会起到催化的作用，在写作中推敲句子，会使细化更上一层楼。

（四）细化研究之——补白与填充

寻找细化的着眼点是写作细化的第一步，依据文本本身的特色，每一个可以细化的点是有所不同的，这就是笔者认为的细化研究中的“补白与填充”，补白与填充可以让文章的色彩更加饱满，还可以让文章成为一杯浓郁香醇的咖啡，让读者意犹未尽。

写景状物文章的补白和填充。细化的落脚点会在“景和物”上，学生把该描摹的景和物通过不同的表达方式描摹清晰，写出景物的特征，让人一目了然就行了。有些景物的描写往往是为了烘托当时的情景，在写雨中景物时就会是这样，那么细化的过程中就需要细致入微地融贯全文去考虑了，考虑到文章具体要表达的意愿而后再决定细化的方式和方法。

以事写人文章的补白和填充；写人的文章或者以事写人的文章与写景状物的文章完全不一样，细化的着眼点要落实在人物的动作、语言、神情、心理的描写之中了，因为人物的特性正是由他们不同的表现而决定的，就像电影中的蒙太奇手法，把分切的镜头组接起来，将人物映像中的镜头，按照生活逻辑、推理顺序和写作者的观点联结起来。不同的人物为了表现其不同的性格特征和品质，在细化的时候有时也是不一样的，依据当时情节的轻重缓急，找到可以细化的落脚点是很关键的。一言以蔽之，有些人物需要抓语言来推进文章情节，有些人物需要抓动作来推进。无论是哪一种细化的推进方法，都能够为文章的具体写作而服务，那就是行之有效的细化手段。A动词的细化描写要注意动词的连续性，例如在《看妈妈做菜》一文中，妈妈做菜时的每一个动作要先让学生细化地罗列，排除重复和多余的，抓住妈妈做操过程中最关键的动词来加以细化的描写。B神情的细化描写也要依据当时的情景来决定，例如在《贴鼻子》一文中，同学们看到贴错的鼻子当场的反应，每一个脸色和神情都可以出神入化地描写。C心理的描写更要仔细斟酌了，一般情况下只写自己内心的感受，自己对于某一件事某一个场景的内心意念都可以续写。

当然，如果把写景状物的文章与以事写人的文章“细化”的方法相整合，那就更是相得益彰的美事了，在以事写人的文章中，因为情节渲染的需要，增加相当内容的景色以及当时环境的描写来补白镜头，那会使文章本身又润色不少，这样的细化写作手法在小学阶段的高年级是可以尝试的。

写有声音的文章，细化中让学生充分落实自己的补白，会让文章更加生动有趣，“补白”有时还可以从声音入手，我们在平时的习作中，往往会发现，声音在文本中不可取代的地位，时常会让文章“活色生香”，在《春天来了》一文中，要求学生对声音进行补白，例如，小河水的声音、树林里小鸟欢唱的声音，孩子们嬉笑打闹的声音；又如《看妈妈做菜》一文中，妈妈做菜时发出的声音、油花四溅的声音、煎炒的声音……都可以让作文更加生动活泼起来。

四、作后评估，让“细化”有条不紊

我自诩这一次作文细化研究的评价为非量表式的评价，因为，我的评价体系还是停留在学生自我评价和教师评价的双轨制状态。

第一，学生的自我评价是习作以后的一次评价活动，这样的评价活动是学生互为评估的一种方式，学生可以依据评价方式，在自己的评价体系中打钩，笑脸和哭脸是两种不同的评价级别，简易的自评方式让写作评价趣味化，也让学生在评价中重新审视本篇作文的写作要点。

第二，教师的评价与学生评价呈双线双轨的状态，评价的内容不变，评价的方式有所微调，教师在学生自评基础上的评价会依据学生具体细化的情况适当地加以评估，给出成绩。

五、举一反三，让“细化”延续不断

学习就是一个举一反三的过程，举一能够反三的就是学习中的智者，我们在实践作文“细化”的过程中，让学生学会举一反三，对于相同类型的文章可以寻找自己熟悉的“细化”法来“研磨”和“蒸煮”。反复推敲，反复琢磨，渐渐地让写作成为学生学习中的一种乐趣。

依葫芦画瓢法

就是让学生依据细化的文本模仿续写自己的文章，有的下水文是允许学生借用的，这样的借用有别于我们所说的抄袭，这样的借用往往是在好词和好句的基础上的。当然也有同一类手法的衍用，比如修辞手法的衍用，同一个人物外貌特征相同的本部分的衍用等。

合并同类法

就是把一类的文章放在一起教学，放在一起细化，同样是以事写人的文章我们就可以放在一起细化教学，把同是写人物动作语言神态心理的部分一起传授和指导，这样是有益而无害的，学生可以清晰地知道，这一类的文本，自己在写作时重点细化的究竟是什么。

同类平移法

就是把同一类的文章的写作转移平移到其他文章的写作中去，写事写人的文章与写游戏写游记的文章有着可以通融的切入点，那么就可以把原有细化的方式用到其他一类的文本写作中去，当然，在用的过程中还要注意求同存异。

在小学中年级段进行写作“细化”的研究是一种作文教学的尝试，把写作与表达相融会就是这种尝试的最终意图。在应试与非应试之间，教师在徘徊，学生也在徘徊，这样的徘徊阻碍了现有的作文教学的道路。我想，搞作文研究我不是专家，更不是高手，在大家都在寻找作文研究捷径时，“细化”的尝试只是一种简单的抛砖引玉，我要抛出的只是一块粗糙的“砖”，希望引出的却是精美绝伦的“玉”，我们在研究中摸索方法，这样的方法是让我们的学生习得能力，让我们的老师获得成功。

参考文献

[1] 李小霞．小学语文习作教学有效性的策略研究 [J]．科学咨询（教育科研），2020(7)．

[2] 唐诗英．小学语文高年级习作教学实施建议 [J]．科学咨询（教育科研），2020(1)．

[3] 梁志依．小学语文高年级习作教学实施建议 [J]．文学教育（上），2019(10)．

[4] 孙薇．小学语文习作教材文本分析 [J]．教学与管理，2017(23)．

三年级习作校本教材范式

画鼻子

作前阅读

老鹰捉小鸡

星期天，我约了小利、小芳等去院子里玩。

正当我们考虑玩什么时候，小芳突然开口：“哎！老鹰抓小鸡吧！”我和小利异口同声地说：“好啊！”

游戏规则很简单，一个同学当老鹰站在前面负责捕获小鸡，另外几个同学躲在鸡妈妈身后躲避老鹰的袭击，谁被老鹰抓到谁就算失败。

游戏开始了，没想到老鹰这个任务竟由我担任，我先是一个猛扑，但扑了个空，这引起了小利她们的捧腹大笑，我十分生气，大叫：“叫你美！”我一个箭步冲了过去，然后来了个猛扑，哈！小芳被我抓住了，我得意扬扬地哼起了小曲儿，第二局，我来当小鸡，小利竟使出了“伪装术”。她假装若无其事，趁我不注意，向我猛地一扑。我一下子就败下阵，我羞得脸红成了一个大苹果，没办法，我只好当老鹰了。

太阳渐渐落山了，晚霞慢慢出来了，我们恋恋不舍地回家了。

拔河比赛

今天上午第二节，我们进行了一场别开生面的拔河比赛。

刚下课，孙老师就让同学们在教室门前站队做好准备。时间过得真快，这激动人心的时刻终于来临了。准备参加比赛的勇士个个摩拳擦掌，跃跃欲试。

一条大粗绳子压在场内的两条白线上，绳子中间扎着一条鲜艳的红领巾。谁能把绳子中的红布拉过靠自己一头的白线，谁就赢了。

“嘟——”哨声响了，双方队员像螃蟹般夹起了绳子。“嘟——”哨声又一次响了，赛场变成了战场，我们双方互不相让，都使尽了吃奶的力气向后拉。看，大高个子杨帅， 身子往后倾，脸憋得像个熟透的红苹果。再看那些啦啦队，蹦着喊：“五一班加油！五一班加油！”那红布一会儿向我们这边移，一会儿向我们这边移，一会儿又向对方移去，最终，红布还是移向了我们这边，耶！我们赢了！

交换场地再战。这次不知怎么了，红布一直往对方移去，我们怎么用力也不行，我们输了。但我们不灰心，因为我们只打了个平手。谁知，第三局和第二局一样。我们像泄了气的皮球，垂头丧气地走下赛场。

我们班大个的少，能胜一次，已经不错了，孙老师说我们已经创造了奇迹。尽管我们这次没有获得冠军，但我们一点也不遗憾。因为我们都尽了力。我想不管做什么事，只要尽力就无悔！

在《老鹰捉小鸡》一文中，你读到了文章是按照一定的顺序来写，在第三小节小作者写了游戏的规则，然后再进入游戏的整个过程来写清楚，在游戏过程的描写中，小作者又是抓住了人物的语言、动作和神情，把活动写得栩栩如生呢！

在《拔河比赛》一文中，小作者除按照一定的顺序来表达，还重点写了自己参加活动以后的感想呢！你仔细读读看，一定会有收获的！

思考与练习一

仔细阅读《老鹰捉小鸡》一文，想一想作者是分几个小节来写的？尝试着给文章列一个小提纲吧！

我的提纲：

仔细阅读这两篇文本，摘抄文本中关于动作的词语。

我的词语：

____

____

____

____

摘抄文本中关于人物心理活动的句子。

我的句子：

____

____

____

____

____

____

习作初探

导语：

孩子们，读了前面的两篇小短文以后，你一定有了很多的收获，你已经知道了，我可以按照一定的顺序，按照“游戏前——游戏中——游戏后”来记叙《画鼻子》游戏哦！动起你手中的笔，试试看吧！

小贴士：

1. 写的时候要抓住角色的动作和神态。
2. 你的心情怎样？
3. 同学们的表现怎么样呢？

小练笔

看看游戏的过程，你发现了几个动词？参加游戏者神情又是怎样的呢？同学们的神情又是怎样的？你的心里怎么想？

思考与练习二：

读读下面两个不同的语段，想想哪一段的表达更加精美？

只见小李伸出两只手，向前一步一步慢慢地挪动着，就像一个喝醉了酒的醉汉，摇摇晃晃地站不稳，我们都为他捏一把汗！

只见小李伸出两只手，向前一步一步慢慢地挪动着。

再想想，如果是你，你更愿意怎样来写呢？

请写一篇描写“春雨”的短文，给他加一个自己喜欢的题目。

习作评价

读读自己的草稿，按照下面的提示进行自我评价。

我写的游戏有不有趣？

我是按照游戏前、游戏中、游戏后的顺序来写的吗？

我正确选用了人物动作和神情的语句吗？

字词都写正确了吗？

标点符号都用对了吗？

习作修改

1. 再次阅读自己的草稿，边读边检查修改。
2. 将自己的作文读给小伙伴听，听听他们的意见。
3. 与同伴结对相互修改。
4. 在习作本上誊清作文。

指导性作文

三年级教材

我的烦恼

作前阅读

都是坏习惯惹的祸

我这个人呀，聪明可爱心地善良，可就是有个丢三落四的坏习惯，这个坏习惯给我惹了不少的“祸”。

周一的体育课，我却穿了皮鞋；周二的美术课，却忘了带颜料；我把语文的周末卷交给了数学老师……唉，难怪爸爸妈妈总是叫我“没头脑”。

令我印象最深的是那一次数学大考。考试前一天，数学老师再三关照：明天的考试会有图形题，请大家务必带好量角器。

第二天一大早，我背起书包，哼着小调来到了学校。“丁零零”，当悦耳的铃声响起，所有人都在卷子上奋笔疾书，我也不例外，没多久，我这边做到了图形题。呀！量角器呢?于是我在笔袋里找，在课桌里翻，在书包里掏，但仍一无所获。这时，我忽然想起早上把它们放在了桌子上。现在，它们一定在呼呼大睡呢。

怎么办？怎么办？我急得像热锅上的蚂蚁。十分钟、二十分钟、三十分钟……我把别的题目都做完了，只剩下这些该死的图形题。我看着它，眼睛都发直了，脑袋上的汗水淌了下来，眼泪不争气地流了下来。我恨不得打自己一顿。监考老师替我借来一把量角器，才让我躲过这一“劫”。

唉，都是坏习惯惹的祸，我什么时候才能把它改掉呢？

急

俗话说“人有三急”，其实啊，真急起来，何止“三急”哟！

那天是小机灵杯的奥数赛，为了这次比赛，我没少花工夫，这不，一大早就被妈妈叫醒了，穿衣服，洗脸，吃早饭，背好书包，准备出门。“啊哟”，不知怎么地一阵肚子痛如翻江倒海一般向我的全身袭来，忍着吧！时间已经不早了。不行，脚刚迈出家门，绞痛又来了。于是，我不顾一切地冲向卫生间……

爸爸早在楼下的车里等得不耐烦了。喇叭声响彻整个小区，我急急忙忙下了楼，离考试的时间还剩下不到半个小时，不知道路上的交通怎样，心里一阵发急：真是这该死的不争气的肚子。

考场到了，下了车，拿了书包，我箭一般地奔向考场，心里还是急，因为离考试开始不到五分钟了，我还没有准备呢。怎么办？要是考不好，有的挨妈妈的训斥，在妈妈的心中，我应该是一个奥数的尖子。打开书包，“啊呀，准考证呢？我明明把它放在铅笔盒里了呀？不对，应该是书包外头的小袋子。”我急得把书包整个倒翻了，就像到海里捞针一样找着我的准考证，心里不住地念叨：“亲爱的，别和我捉迷藏，你想急死我呀！”就这样里里外外翻了个够，浑身已经是大汗淋漓，脸憋得滚烫，都可以烤烧饼了。就这样，找了一个遍，可是“准考证”就是没有找到，我的眼泪终于不听话地滚落下来了，恨不得把自己好好揍一顿。

就在这时，监考老师来了，她往我手上塞了一张纸，我擦了擦眼泪，定睛一看，啊，不是我的准考证吗？原来是落在爸爸的车上了，真是急死我了！

瞧，这就是我着急的故事，想起它我就会忍俊不禁地笑，丢三落四可不是好习惯，好战士怎能打无准备的仗呢？

在《都是坏习惯惹的祸》一文中，你读到了小作者是一个丢三落四的孩子，他会经常带错学习用具，还会时常忘了明天要上啥课……最可笑的就是他把老师再三要求带的量角器给忘了，于是，闹出了很多笑话！

在《急》一文中，小作者紧紧围绕一个“急”，展现在大家眼前的也是一个“小马虎”，急着上厕所，急着坐车去考场，急着准备考试，结果“急”得连自己的准考证也忘了带，小作者自己也认识到了“小马虎”惹的大麻烦，因此，文章的最后有感而发：丢三落四可不是好习惯，好战士怎能打无准备的仗呢？

思考与练习一

仔细阅读《都是坏习惯惹的祸》一文，想一想作者是分几个小节来写的？尝试着给文章列一个小提纲吧！

我的提纲：

仔细阅读这两篇文本，摘抄文本中关于动作的词语。

我的词语：

____

____

____

摘抄文本中关于人物心理活动的句子。

我的句子：

____

____

____

____

习作初探

导语：

孩子们，读了前面的两篇小短文以后，你一定有了很多的收获，你已经知道了，这篇短文在写的时候要关注到人物的心理活动，还要直言不讳地表达自己的烦恼之处哦！

小贴士：

写的时候要抓住角色的动作、神态。

你的心情怎样？

这样的烦恼给你带来怎样的困惑？

小练笔

让我烦恼的这件事情的经过：

我要抓住自己的动作和自己的心理活动来写

思考与练习二：

读读下面两个不同的语段，想想哪一段的表达更加精美？

语段一：

我有一个烦恼，那就是丢三落四的毛病！

我有个丢三落四的毛病，它总像恶魔似的缠着我，为此我烦恼极了！

语段二：

这下我可急了，我到处找我的三角尺。

这下我可着急了，我到处找我的三角尺，我在课桌里翻在书包里找，在小柜里搜……

再想想，如果是你，你更愿意怎样来写呢？

习作评价

读读自己的草稿，按照下面的提示进行自我评价。

我写的“烦恼”生不生动？

我是按照事情的发展顺序来写的？

我认真写了自己的心理感受？

字词都写正确了吗？

标点符号都用对了吗？

习作修改

1. 再次阅读自己的草稿，边读边检查修改。

2. 将自己的作文读给小伙伴听，听听他们的意见。

3. 与同伴结对相互修改。

4. 在习作本上誊清作文。

指导性作文
三年级教材

春天来了

作前阅读

例文一

春天的颜色

春天的颜色真是五彩缤纷，太阳是红灿灿的，天空是湛蓝的，树梢是嫩绿的，迎春花是娇黄的……难怪诗人爱吟咏春天，画家爱描绘春天，因为春天是世界一切美的融合，一切色彩的总和。我很奇怪，这五彩缤纷的色彩为什么会不约而同地选择春天来到大地？

春天的雨是连绵的、柔和的，它滋润着大地，抚摩着大地，小声地呼唤着大地，在人们不知不觉的时候，他们竟悄悄地汇成了小河，积成了深潭。啊，原来是春雨给潭水带来绿色的生命。

风和雨总是结伴而来的。早春的，带点儿寒气的风，吹醒了万物，树梢绿了，大地也绿了，连高耸的楼房的平台也绿了。宋朝的王安石有诗云：“春风又绿江南岸。”说得多么好啊！但又何止是“绿”？

例文二

听，春天来了

春天到了，小草发芽了，大树长出新鲜的嫩叶，鲜艳的花朵开了，小燕子从南方飞回来了。春天真令人陶醉呀！

春天，我们看到了鲜艳的花，小燕子就像春天的使者！每到那五光十色的春天，“使者”们都会从遥远的南方飞回来，“春天的使者”回来了，好像“春天的使者”叫醒了万物。树长叶了、花开了、草绿了

春天，我们听到了泉水流的声音，“叮——咚——”好像是“春天的使者”正在开自己的音乐会，让泉水小姐为它伴奏。我们又听见小鸟叽叽喳喳地叫着，好像是在表演大合唱！这下让我听得入迷了。春天，我们闻到了花香味，就好像“春天的使者”把花儿上洒上香水，就让我们感到清香、芬芳扑鼻！让人觉得疲劳已经消失了。啊！春天真是个让人疲劳消失的季节！又是一个芬芳扑鼻的季节。

春天，我们感觉到春风吹来，吹过耳边，就像有一个人摸着你的耳朵，就有一股温暖从身体流入心中。我们又感觉到春天的天气，春天的天气很暖和、舒服。

啊——春天真是个美好的季节！真是一个美丽而又温暖的季节！真是一个芬芳扑鼻的季节，如果我们保护好环境的话，将来的春天会更美丽、温暖的季节。

例文三

我爱春天

春天来了, 桃花红了、柳叶绿了，春江的水暖和了。春风习习地从我的身边吹过，万物抽出了新芽，那样鲜嫩的颜色，使春天更加美丽。阳春三月，春风送来凉丝丝、甜润润的气息，使人爽快惬意。露水吻湿了片片绿叶，整个山

林散发出如酒似蜜的清香。来到公园，走进大门，穿过林荫小道，就来到了一个大草坪上。在草坪上我看见了那鲜嫩的绿色、嫩绿色的小草、深绿的树叶、浅绿的嫩芽，真美丽。春天不止有这些，还有那各种花朵，瞧！那粉红色的桃花、白色的梨花、大红色的樱花以及最引人注目的大红牡丹，它们有的才长出两三片花瓣，有的花瓣全部长出来了，露出了它那可爱的小脸蛋，有的还是花骨朵，但饱胀得像马上就要破开似的。这儿的花儿和绿草，成了一幅美丽的画卷。松树上莺歌舞语，再加上那小朋友的动人歌声，就构成了一支动人的交响曲。一年之计在于春，一日之计在于晨。是啊，春天的确是充满生机和活力的季节。明媚的阳光，使小草使劲往上长。柳树阿姨一边梳理自己的秀发，一边唱着歌，好像在说："春天来了，春天来了！"树下的小花也绽放出灿烂的笑脸，果园里的桃花、梨花、杏花都争着开放，好一派春意盎然的景象。

随着天气的转暖，早上晨练的人越来越多。看，他们练得多带劲呀，有的跑步，有的做操，还有的跳绳。

春天是展望的季节，俗话说：一年之计在于春。是啊，美丽的春天给我们带来了丰厚的"宝贝"，那就是冰雪融化后潺潺的溪流，枝头上爆出的点点新芽……

《春天的颜色》一文中，春雨正在演奏自己的乐曲，春风扑面而来，带来了泥土的芳香。

《听，春天来了》一文中，我们听到了泉水流的声音，"叮——咚——"好像是"春天的使者"正在开自己的音乐会，让泉水小姐为它伴奏。

《我爱春天》一文中，明媚的阳光，使小草使劲往上长。柳树阿姨一边梳理自己的秀发，一边唱着歌，好像在说："春天来了，春天来了！"

思考与练习一

1. 到春天的校园里走一走，看一看，寻找一下你眼中的春天，它是什么样子的？有什么与众不同吗？

2. 描写春天的词语和句子可真不少，读读下面的词句，你来积累一下吧！

春暖花开　春色满园　春雨沙沙　春意盎然

桃红柳绿　鸟语花香　绿草如茵　柳枝发芽

描写花儿的句子

____

____

____

描写大树和小草的句子

____

____

____

描写河流小溪的句子

____

____

____

习作任务

导语：

孩子们，在第一单元的综合练习里，我们学习了《我爱小草》这篇短文，还记得吗，这篇小短文是按照总——分——总的段落结构写的，你学会了吗！你有没有发现，这样的段落结构能够让你的文章写得条理更加清晰！这个单元，我们就要来用这样的方法小试牛刀了！

写作小贴士：

用总——分——总的段落结构来架构你的文章整体。

用上我们前期积累的描写春天的好词和好句为你的文章锦上添花。

尝试着用上我们学过的拟人、比喻和排比的方法，让你的文章熠熠生辉。

第一小节：

提示：总的写一写春天怎么来了，你的心情怎么样？

____

____

____

____

第二、第三、第四小节：

提示：春天来到了哪里？你看到了什么景物？你听到了什么？你有什么感受？你参与了什么活动？（这里的每一个小节都可以分这样几个方面来写哦！）

春天来到了（　　　　　　），

春天来到了（　　　　　　），

春天来到了（　　　　　　），

春天来到了（　　　　　　），

第五小节：

提示：你眼中的春天怎么样？谈谈你的感受吧！

____

____

____

____

任务达成的细化落实的落脚点：

抓住好词好句，着重描写春天的景物

任务说明：

延续上学期的中年级段作文细化指导性研究的主题，依托文本，抓住文本自有的特点，寻找相应的“细化落实”的点，在积累的同时，帮助学生明确细化的内容和目标，在《春天来了》一文中，把落脚点放置在写景状物的描绘当中，在学生积累了相关的词语和句子的程度上，让学生依靠积累以及已经拥有的关于春天的知识积累来细化自己的文本。

读读自己的草稿，按照下面的提示进行自我评价。

习作评价

我写的春天美不美？

我是分部写了春天的不同的景物？

我正确选用了描写春天景物的语句吗？

我对景物的描写运用了多种手法？

字词都写正确了吗？

标点符号都用对了吗？

习作修改

1. 再次阅读自己的草稿，边读边检查修改。

2. 将自己的作文读给小伙伴听，听听他们的意见。

3. 与同伴结对相互修改。

4. 在习作本上誊清作文。

指导性作文 三年级教材

落叶

作前阅读

威尼斯小艇（节选）

威尼斯是世界闻名的水上城市，河道纵横交错，小艇成了主要的交通工具，相当于陆地上的汽车作用。

威尼斯的小艇有二三十英尺长，又窄又深，有点像独木舟。船头和船艄向上翘起，像挂在天边的新月，行动轻快灵活，仿佛田沟里的水蛇。

我们坐在船舱里，皮垫子软软地像沙发一般。小艇穿过一座座形式不同的石桥。我们打开窗帘，望望耸立在两岸的古建筑，跟来往的船只打招呼，有说不完的情趣。

船夫的驾驶技术特别好。行船的速度极快，来往船只很多，他操纵自如，毫不手忙脚乱。不管怎么拥挤，他总能左拐右拐地挤过去。遇到极窄的地方，他总能平稳地穿过，而且速度非常快，还能作急转弯。两边的建筑飞一般地倒退，我们的眼睛忙极了，不知看哪一处好。

商人夹了大包的货物，匆匆地走下小艇，沿河做生意。青年妇女在小艇里高声谈笑。许多孩子由保姆伴着，坐着小艇到郊外去呼吸新鲜的空气。老人带了全家，坐着小艇上教堂去作祷告。

半夜，戏院散场了，一大群人拥出来，走上了各自雇好的小艇。簇拥在一起的小艇一会儿就散开了，消失在弯曲的河道中，远处传来一片哗笑和告别的声音。水面上渐渐沉寂，只见月亮的影子在水中摇晃。高大的石头建筑耸立在河边，古老的桥梁横在水上，大大小小的船都停泊在码头上。静寂笼罩着这座水上城市，古老的威尼斯又沉沉地入睡了。

爬山虎的脚（节选）

爬山虎刚长出来的叶子很小，是嫩红的，不几天就变成嫩绿的。叶子长大了，绿得那么鲜艳，让人看着非常舒服。它们一顺儿朝下，均匀地铺在墙上，没有重叠，也不留一点儿空隙。一阵风拂过，一墙的叶子就漾起波纹，好看得很。

以前我只知道这种植物叫爬山虎，可不知道它怎么爬。今年我注意了，原来爬山虎是有脚的。爬山虎的脚长在茎上。茎上长叶柄的地方，反面伸出枝状的六七根细丝，每根细丝像蜗牛的触角。细丝跟新叶一样，也是嫩红的。这就是爬山虎的脚。

秋天是收获的季节，秋天是展望的季节，美丽的秋天给我们带来了丰厚的“宝贝”，那就是各种各样、五颜六色的落叶，孩子们，你喜欢吗？

在叶圣陶爷爷写的《爬山虎的脚》一文中，爬山虎也是那么生动有趣，他们的颜色不断地变化，叶片均匀地铺在墙上，不留一点儿空隙。一阵风拂过，一墙的叶子就漾起波纹，好看极了！

思考与练习一

1. 到秋天的校园里走一走，看一看，有没有看到自己特别喜欢的落叶，它是什么样子的？他的颜色有什么与众不同吗？

2. 描写落叶的词语和句子可真不少，读读下面的词句，说说你有什么发现？

黄叶飘飘	琼枝玉叶	落叶纷飞
层林尽染	枫叶如火	随风飘零

秋风扫过，树叶纷纷落下，有的像蝴蝶翩翩起舞，有的像黄莺展翅飞翔，还有的像舞蹈演员那样轻盈地旋转。

枯黄的落叶，一片、两片，轻悠悠地飘落在水面上，像无数只小船，顺风水慢慢地荡走。

叶子在空中划出一道完美的弧线，尽情摆弄他妖娆的舞姿。

你还知道哪些关于落叶的词语？

我的词语：

____

____

____

____

习作例文

落叶

我喜欢鸟语花香的春天，更喜欢硕果累累的秋天，尤其是当深秋的叶子渐渐地换上了新颜，满山的姹紫嫣红让人如醉如痴。在这样一个美丽如画的日子里，爸爸妈妈带我来到公园，观赏秋天的叶子。

走进公园，首先映入眼帘的是，一片片燃烧着的枫树林。从远处望，犹如一座火焰山，欢迎我们的到来。我捡起一片枫叶，细细地观察起来，一片枫叶上有七个小小的叶瓣，就像一只张开的手掌。它的叶边有些毛糙，红色的茎细细长长的，如同叶片的血脉。枫叶是一个魔法师，它最能够随着季节的变化来变化自己的色彩，春天的枫叶是绿色的，可是一到秋天就渐渐变成红色，火红火红的，美艳极了！快看，枫叶随风飘动起来，真像一只翩翩起舞的蝴蝶追逐着同伴，最后缓缓落入了大地的怀抱。

出了枫树林，我闻到了一阵阵清香，循着香味，我突然想起，秋天里还有一种叶子是我喜欢的，那便是桂花树的叶子。果然，过了几个弯，一棵棵苍劲挺拔的桂花树，就这样奇迹般地出现在我的眼前。我抬头看，桂花还像一个小姑娘一样，羞答答地，躲在叶子后面，只悄悄地露出了半张脸，桂花树上的叶子，密密麻麻，呈椭圆形，它的叶边是锯齿形，全身都是绿色的，在阳光的照射下，呈现出翠绿色。我喜欢它，更喜欢它爱护花蕊，就像母亲呵护自己的孩子。

在《落叶》一文中，作者先后描写了两种落叶：一种是“枫叶”，一种是桂花树的叶子。在铺叙的过程中，落叶的形体美和动感美慢慢地展现在我们的眼前，那一片片充满色彩的落叶，在作者的笔下似乎是活的，它们犹如飘零的“小精灵”一般，让我们感受到了秋天的魅力。

在语段的阅读中，带领孩子们细细品味作者描写的方式，从落叶的几个方面入手，把它写具体，表达清晰。

思考与练习二

仔细观察校园的秋天，或者自己亲自去找一找，捡一捡，看看落叶究竟是什么样子的？与你的好朋友交流一下。

思考与练习三

读读下面两个不同的语段，想想哪一段的表达更加精美？

我捡起一片枫叶，细细地观察起来，一片枫叶上有七个小小的叶瓣，就像一只张开的手掌。它的叶边有些毛糙，红色的茎细细长长的，如同叶片的血脉。

我捡起一片枫叶，细细观察起来，一片枫叶上有七个小小的叶瓣，它的叶边有些毛糙，红色的茎细细长长的。

再想想，如果是你，你更愿意怎样来写呢？

习作提示

现在，我们就要动笔写作了，请先思考以下几个问题。

1. 你有自己最喜欢的落叶吗？
2. 这片落叶的形状怎样？
3. 这片落叶的颜色怎样？
4. 你可以用上哪些好词和好句？

习作任务

请写一篇描写“落叶”的短文，给它加一个自己喜欢的题目，当堂完成草稿。

习作评价

读读自己的草稿，按照下面的提示进行自我评价。

我写的落叶美不美？

我是按照落叶的几个方面来写的吗？

我正确选用了描写落叶的语句吗？

字词都写正确了吗？

标点符号都用对了吗？

习作修改

1. 再次阅读自己的草稿，边读边检查修改。
2. 将自己的作文读给小伙伴听，听听他们的意见。
3. 与同伴结对相互修改。
4. 在习作本上誊清作文。

指导性作文
三年级教材

我喜爱的小动物

作前阅读

《麻雀》节选

屠格涅夫

我顺着林荫路望去，看见了一只嘴边还带黄色、头上生着柔毛的小麻雀。风猛烈地吹打着林荫路上的白桦树，麻雀从巢里跌落下来，呆呆地伏在地上，孤立无援地张开两只羽毛还未丰满的小翅膀。

我的狗慢慢向它靠近。忽然，从附近一棵树上飞下一只黑胸脯的老麻雀，像一颗石子似的落到狗的跟前。老麻雀全身倒竖着羽毛，惊恐万状，发出绝望、凄惨的叫声，接着向露出牙齿、大张着的狗嘴扑去。

老麻雀是猛扑下来救护幼雀的。它用身体掩护着自己的幼儿……但它整个小小的身体因恐怖而战栗着，它小小的声音也变得粗暴嘶哑，它在牺牲自己！

在它看来，狗该是多么庞大的怪物啊！然而，它还是不能站在自己高高的、安全的树枝上……一种比它的理智更强烈的力量，使它从那儿扑下身来。我的狗站住了，向后退了退……看来，它也感到了这种力量。我赶紧唤住惊慌失措的狗，然后我怀着崇敬的心情，走开了。是啊，请不要见笑。我崇敬那只小小的、英勇的鸟儿，我崇敬它那种爱的冲动和力量。

《珍珠鸟》节选

冯骥才

三个月后，那一团越发繁茂的垂蔓里边，发出一种尖细又娇嫩的鸣叫。我猜到，是它们有了雏儿。我呢，决不掀开叶片往里看，连添食加水时也不睁大好奇的眼去惊动它们。过不多久，忽然有一个更小的脑袋从叶间探出来。哟，雏儿！正是这小家伙！

它小，就能轻易地由疏格的笼子钻出身。瞧，多么像它的父母：红嘴红脚，灰蓝色的毛，只是后背还没生出珍珠似的圆圆的白点。它好肥，整个身子好像一个蓬松的球儿。

起先，这小家伙只在笼子四周活动，随后就在屋里飞来飞去，一会儿落在柜顶上，一会儿神气十足地站在书架上，啄着书脊上那些大文豪的名字，一会儿把灯绳撞得来回摇动，跟着逃到画框上去了。只要大鸟儿在笼里生气地叫一声，它立即飞回笼里去。

我不管它。这样久了，打开窗子，它最多只在窗框上站一会儿，决不飞出去。

渐渐它胆子大了，就落在我的书桌上。它先是离我较远，见我不去伤害它，便一点点挨近，然后蹦到我的杯子上，俯下头来喝茶，再偏过脸瞧瞧我的反应。我只是微微一笑，依旧写东西，它就放开胆子跑到稿纸上，绕着我的笔尖蹦来蹦去，跳动的小红爪子在纸上发出嚓嚓响声。

我不动声色地写，默默享受着这小家伙亲近的情意。这样，它完全放心了，索性用那涂了蜡似的小红嘴，嗒嗒地啄着我颤动的笔尖。我用手抚一抚它细腻的绒毛，它也不怕，反而友好地啄两下我的手指。

屠格涅夫的《麻雀》你看到是怎样的麻雀妈妈？她为了保护自己的孩子勇敢地和猎狗搏斗，它用身体掩护着自己的雏鸟……但它整个小小的身体因恐怖而战栗着，它小小的声音也变得粗暴嘶哑，它在牺牲自己！在它看来，狗该是多么庞大的怪物啊！然而，它还是不能站在自己高高的、安全的树枝上……一种比它的理智更强烈的力量，使它从那儿扑下身来。

再读冯骥才的《珍珠鸟》，你又读到了什么？珍珠鸟可爱吗？它如同一个稚气未除的小孩子，它活泼悦动，让作者也忍俊不禁呢！它就放开胆子跑到稿纸上，绕着我的笔尖蹦来蹦去；跳动的小红爪子在纸上发出嚓嚓响声。

我不动声色地写，默默享受着这小家伙亲近的情意。这样，它完全放心了，索性用那涂了蜡似的小红嘴，嗒嗒地啄着我颤动的笔尖。

思考与练习一

1. 观察一个你喜欢的小动物，仔细看看它长什么样？

2. 除小动物的样子以外，你关注一下它的每一个活动，你会有不一样的收获！

我喜欢小狗：

____

____

____

我喜欢小猫：

____

____

____

你还知道哪些关于描写小动物的词语？

____

____

____

____

____

____

习作任务

外婆家的猫

外婆家有一只小猫咪，它是个古灵精怪的小东西。不信，你瞧！

小猫非常漂亮。一身雪白的毛光滑柔顺，从远处看，就像一个毛茸茸的白球。它的两只耳朵像三角形，向上竖着。一双圆溜溜的大眼睛嵌在玲珑的小面孔上。一个粉嘟嘟的小鼻子，煞是可爱。

小猫真有趣。它困了，就睡在外婆给它准备的小窝里，蜷成一团，还打呼噜呢！小猫喜欢吃鱼，我每次到外婆家，都要给它带几条鱼。它见到我，就跳到我怀里，好像在说："小主人，又给我带什么好吃的了？"

小猫是捉鼠能手。一次，它在玩耍时听见"吱吱"的声音，于是就轻手轻脚地躲到一个黑暗的角落，它发现墙洞里一只老鼠正探头探脑地向四下张望。小猫一动不动，安静得不发出一丝声响。老鼠见没有异常情况，就跑到粮仓边准备偷吃。说时迟那时快，小猫像离弦的箭一样，"嗖"地一下冲过去，一把按住老鼠。老鼠拼命挣扎，小猫松手了，老鼠赶快逃命，没逃两步，小猫又冲过去按住它。连续几次，老鼠被小猫折腾得筋疲力尽。这时候小猫才叼起老鼠，在一块空地上，美美地享受老鼠大餐。

小猫是游戏高手。它和小狗是好朋友，一天，小狗懒洋洋地在一棵树下睡觉，小猫用爪子挠它的尾巴，小狗回头瞪了瞪。小猫不知好歹，又用爪子挠它的尾巴，小狗不耐烦了，转身就要咬小猫。小猫“蹭”地一下就爬到了树上，冲小狗做鬼脸，好像在说：“有本事上来呀，谁怕谁呀！”小狗无可奈何，气得朝天“汪汪”叫。

导语：

孩子们，仔细阅读《外婆家的小猫》一文，你觉得文本是按照什么顺序来写的呢？又写了什么？再写了什么？作者重点写了小猫的哪些活动？哪一项活动的描写你觉得最棒的，你就重点读读！

写作小贴士：

1. 可以先写小动物的外形，再写小动物的活动。

2. 写活动的时候，重点抓住其中的一项写清楚就行了。

3. 尝试着用上我们学过的拟人、比喻和排比的方法，让你的文章熠熠生辉。

第一小节：交代喜欢的小动物是谁。

____

____

第二小节：（外形）

1.　按照先整体后部分的顺序来写。

____

____

2. 注意不要面面俱到，还要运用比喻的手法。

第三小节：

1. 写一个活动。
2. 紧紧抓住小动物的动作来写详细，注意还要加上一些拟人的手法。

第四小节：说说你对小动物的评价。

任务达成的细化落实的落脚点：

抓住描写小动物外貌的词句，着重描写小动物的外貌。再抓住小动物的动作来写它的活动，写的时候可以加入自己耳朵想象。

任务说明：

延续上学期的中年级段作文细化指导性研究的主题，依托文本，抓住文本自有的特点，寻找相应的“细化落实”的点，在积累的同时，帮助学生明确细化的内容和目标，在《我喜爱的小动物》一文中，把落脚点放置在动物外形的描绘当中，在学生积累了相关的词语和句子的程度上，让学生依靠积累以及已经拥有的关于小动物词句的积累来细化自己的文本。

习作评价

读读自己的草稿，按照下面的提示进行自我评价。

我写的小动物可爱不可爱？

我是分两个方面来写小动物的？

我正确选用了描写小动物的语句吗？

我对小动物的描写运用了多种手法？

字词都写正确了吗？

标点符号都用对了吗？

习作修改

1. 再次阅读自己的草稿，边读边检查修改。

2. 将自己的作文读给小伙伴听，听听他们的意见。

3. 与同伴结对相互修改。

4. 在习作本上誊清作文。

小学中高年级部编教材

聚焦人物刻画的习作教学策略研究

【摘要】

习作是小学语文教学中重要的组成部分，与阅读相比较，习作是学生获得语言文字以后综合输出的过程。《义务教育语文课程标准（2022年版）》中对习作做了以下界定：习作是运用语言文字进行表达和交流的重要方式，是认识世界、认识自我、创造性表述的过程。写作能力是语文素养的综合体现。写作教学应贴近学生实际，让学生易于动笔，乐于表达，应引导学生关注现实，热爱生活，积极向上，表达真情实感。同时，《义务教育语文课程标准（2022年版）》中还提出：习作是让学生能具体明确、文从字顺地表达自己的见闻、体验和想法。能根据需要，运用常见的表达方式写作，发展书面语言运用能力。在语文教学中，习作是教学的重点亦是难点，对于教师来说，拓宽习作思维，挖掘习作策略，循序渐进地培养学生的习作能力，进而激发学生的习作兴趣，提高他们的表情达意的水平，使语文综合素养得以形成，是十分有必要的。

部编版教材加强语言文字的运用，重视表达，在关注阅读和表达的联系的同时，促进读写的结合，形成读与写的联系。不仅如此，教材中对于习作也有全新的编排，通过编排习作单元、单元中针对年段的要求编排有针对性的习作内容，在课后灵活地安排“小练笔”等途径加强了习作教学。不仅如此，习作内容的多样性和丰富性也呈现清晰，习作不再是“老生常谈”，而是“另辟蹊径”，角度多元，思维灵动。

为了切实改变现有的习作教学状态，我进行了“小学中高年级部编教材聚焦人物刻画的习作教学策略研究”，旨在依托部编版教材，展开人物刻画习作的相关研究，本课题所说的人物刻画，指的是正面描写中对人物的外貌、神情、动作、语言的刻画。“聚焦”就是把研究的着眼点集中在把习作方法转化为习作能力并激发学生写作兴趣以及积极性的策略和手段。

人物刻画策略的形成需要的是一个课内得法课外习法的过程，人物刻画策略的研究本身就是一个需要时间和大量实践的过程。本课题通过实践研究建立了一个易于操作、可推广的课本体系，这在很大程度上促进了学生习作能力的发展，也在一定程度上增加了教师教学实践的能力。

【关键词】

小学　中高年级　部编版教材　人物刻画　习作策略

一、研究背景与价值

（一）研究背景

1. 国内外研究综述

在中国知网的数据库中有关“习作”的条目有不少，其中有关于“人物刻画”习作研究的并不多；以“部编版教材”为依托的习作研究基本没有，与部编版教材相关联的“人物刻画”的习作研究更是几乎为零。这说明，虽然有关于习作主题的研究成果，但直接与“部编版教材”相关又从“人物刻画策略”研究着手的是凤毛麟角，这导致本研究可借鉴的相关研究成果不多，因此，本课题的研究具有一定的开创意义。同时也表明“依托部编版教材的习作策略的研究”正成为语文研究的一大热点。

近年来,习作策略的研究成为语文教学领域的重点,吴勇《精准知识开发:教师的习作教学核心素养——“精准习作知识”的特征及教学逻辑》等系列习作研究,在知网上成为热点,其主要关注了“知识论”和语文的“核心素养”问题,宽泛地研究了习作的策略和要点。吴月圆和钟晓杰《桎梏、追问与消释：核心素养背景下习作状态开发探析》提出了习作状态的开发要化平淡为精彩；融“真情”,坦诚互动,化心动为行动。相比之下,笔者的研究更聚焦于一个具体的“点”,指向性更明确,操作性更具象化。部编版语文教材主编温儒敏教授谈语文核心素养的四个方面时提到,“思维发展与提升”强调学生通过学习语言的运用,能够获得几种思维能力的发展；“审美鉴赏与创造”是让语文教学中已经久违的“情趣”回归课堂。人物刻画的习作策略正是引领学生向“思辨”和“情趣”的习作思维走近。

从当前国内外研究的相关文献可以看出，理论研究者和一线教育工作者都在努力进行着探索。美国的写作教学，对段落的写作比较重视。他们的一些写作教材大多是按选词、造句、组段、谋篇的顺序来安排的，其中段落的写作指导占有相当的篇幅。上海师范大学教授吴中豪先生，在他的《基于国际视野的小学习作教学改革》的演讲中，也把国内的作文教学与日本以及俄罗斯的作文教学做了对比，对比发现，我们的习作教学重内容、轻表达，重形式、轻思维。在这样的大背景下，我们的研究更有实际价值。

同时，习作的策略研究也是一线教育工作者所关注的，从当前研究成果看，不管采用何种策略，其目的都指向激发学生的习作兴趣，丰富情感和体验能力，陶冶性情，完善人格，并培养热爱习作的良好习惯。从当前国内外研究的相关文献可以看出，理论研究者和一线教育工作者都在努力进行着探索，综合各类研究成果，综合阅读的概念以及相关理念都取得了一致的共识，在具体的策略上也形成了百花齐放和百家争鸣的态势，这给本课题的开展提供了丰富的借鉴资料。

2. 研究的现实背景

语言文字是人类最重要的交际工具和信息载体，是人类文化的重要组成部分。语文课程是一门学习语言文字运用的综合性、实践性课程。习作是小学语文教学中重要的组成部分，与阅读相比较，习作是学生获得语言文字以后综合输出的过程。《义务教育语文课程标准（2022年版）》中对习作做了以下界定：习作是运用语言文字进行表达和交流的重要方式，是认识世界、认识自我、创造性表述的过程。写作能力是语文素养的综合体现。写作教学应贴近学生实际，让学生易于动笔，乐于表达，应引导学生关注现实，热爱生活，积极向上，表达真情实感。同时，《义务教育语文课程标准（2022年版）》中还提出：习作是让学生能具体明确、文从字顺地表达自己的见闻、体验和想法。能根据需要，运用常见的表达方式写作，发展书面语言运用能力。在语文教学中，习作是教学的重点亦是难点，对于教师来说，拓宽习作思维，挖掘习作策略，循序渐进地培养学生的习作能力，进而激发学生的习作兴趣，提高他们的表情达意的水平，是语文综合素养得以形成，是十分有必要的。

目前，习作教学主要存在以下问题：从学生的角度来看，缺乏丰富的生活体验，导致习作材料“假大空”，老材料过度运用，缺乏新意；套路习作的出现，让学生没有习作思辨的能力，使习作千篇一律；虽然也有海量的阅读，学生只关注故事情节，鲜少关注习作策略，使习作干枯乏味；语言表达的单一机械，情感经历的单薄，让习作没有温度。从教师的角度来看，习惯于笼而统之，一股脑儿地灌输，面面俱到，却是蜻蜓点水，没有实际效果；整体教学偏多，片段教学太少，面上教学偏多，点上教学太少，急于求成，欲速则不达者居多。

部编版教材加强语言文字的运用，重视表达，在关注阅读和表达联系的同时，促进读写的结合，形成读与写的联系。不仅如此，教材中对于习作也有全新的编排，通过编排习作单元、单元中针对年段的要求编排有针对性的习作内容，在课后灵活地安排“小练笔”等途径加强了习作教学。不仅如此，习作内容的多样性和丰富性也呈现清晰，习作不再是“老生常谈”，而是“另辟蹊径”，角度多元，思维灵动。

为了切实改变现有的习作教学状态，我们依托部编版教材，展开本课题的研究，本课题所说的人物刻画，指的是正面描写中对人物的外貌、神情、动作、语言的刻画，也指侧面描写中环境的烘托，次要人物的衬托。“聚焦”就是把研究的着眼点集中在把习作方法转化为习作能力并激发学生写作兴趣以及积极性的策略和手段。

（二）研究价值

1. 多元性

多元性首先是指人物刻画的多角度，不只是在一个特定的方面去刻画一个人物，而是多方面进行细节化的描写；其次是指人物刻画策略的多样性，让人物刻画更鲜活；再次是指人物刻画的多层次，通过由浅入深、循序渐进、由表及里的刻画过程，最终凸显人物的特点。建构主义学习理论的教学观认为，教学应该把学习者原有的知识经验作为新知识的生长点，引导学习者从原有的知识经验中，主动建构新的知识经验。教学中，教师和学生、学生与学生之间，需要共同针对某些问题进行探索，并在探索的过程中相互交流和质疑。多元探索，不仅能够激发学生的学习兴趣，也能有效促进学习的效能，有助于提升学生的习作水平。

2.创新性

首先是材料的创新。心理研究表明，学生写作能力的发展大体上经过如下三个阶段：准备阶段、过渡阶段、独立写作阶段。获得素材是写作的准备阶段，写作材料的创新，是摆脱传统的人物习作中“老掉牙”的材料，摘取生活中的“真实片段”“瞬间镜头”“新鲜画面”作为刻画人物特点的材料和叙写的内容。其次是语言表达上的创新，部编版教材关注语文要素的落实，引导学生实践和运用习得的语文要素，完成从读到写的练习。人物刻画的习作策略也重在落实语言表达的创新，用幽默、夸张、典型化，富有个性的语言塑造可触可摸的人物形象，促进学生表达的灵动性。

3. 延展性

一是课内向课外的延展，依托部编版教材作为习作的蓝本，学习优秀的语段，做好读与写的有机结合，瑞士心理学家皮亚杰认为，适当的模仿有助于激发学生的写作欲望，缓解写作压力，它是学生独立写作的前奏。二是由中年级向高年级延展，写作是一个循序渐进的过程，写作的难度也是呈螺旋上升的态势，中年级对于人物的刻画之初，以分清人物刻画板块以及仿写为主，以此延展到高年级，让学生初步形成在仿写基础上的拓展，进而完成独立刻画人物的写作过程。

4. 指向性

部编本语文教材主编温儒敏教授谈“语文核心素养”的四个方面时提到“语言建构与运用”，这是语文学科独有的，具有本质意义的内容。《义务教育语文课程标准（2022年版）》要求学生在学习语言文字运用的过程中，建构语言运用机制，增进语文学养，努力学会正确、熟练、有效地运用祖国语言文字。他还提出：“思维发展与提升。”强调学生通过学习语言的运用，能够获得几种思维能力的发展，包括直觉思维、形象思维、逻辑思维、辩证思维和创造思维。另外，还有思维品质的提升，包括思维的深刻性、敏捷性、灵活性、批判性和独创性。

综上所述，基于对目前习作教学现状的分析，结合部编版教材的特点，以及“人物刻画策略研究”的实效性，我们确立了此课题。试图以“教科书”为载体，探索小学三年级至五年级学生“人物刻画描写”的研究，将“多元、创新、延展、指向”的教学理念贯穿整个人物习作教学的课堂实践中，探索部编教材习作教学的策略与方法，丰富部编教材相关研究。提升教师基于部编教材的习作教学与研究能力，推进学科的发展及教师的专业成长。促进学生习作能力的提高，提升并激发学生习作的兴趣，形成有效的习作习惯，提升习作日常研究的实效。

二、研究概述

（一）核心概念的界定

人物刻画指的是正面描写中对人物的外貌、神情、动作、语言的刻画，亦指侧面描写中环境的烘托，次要人物的衬托。聚焦就是把研究的着眼点集中在把习作方法转化为习作能力并激发学生写作兴趣以及积极性的策略和手段。**“部编版教材”**作为研究的依托，以一个完整的习作主题单元为单位，围绕单元语文要素，选择适切的文本材料，课内片段手法，课外拓展习法，课后自主悟法，反复训练，形成刻画人物的写作思维，激发学生自主写作的兴趣，提高学生的人物刻画写作的能力，养成良好的习作习惯。

（二）研究目标

1. 开发和形成人物刻画习作课程的资源

从外貌、动作、语言、神态、心理等传统人物刻画的方式入手，挖掘、整合部编版教材以及其他多元资源，用以完善人物刻画习作的模块教学材料，开发、形成一套具有个性特点

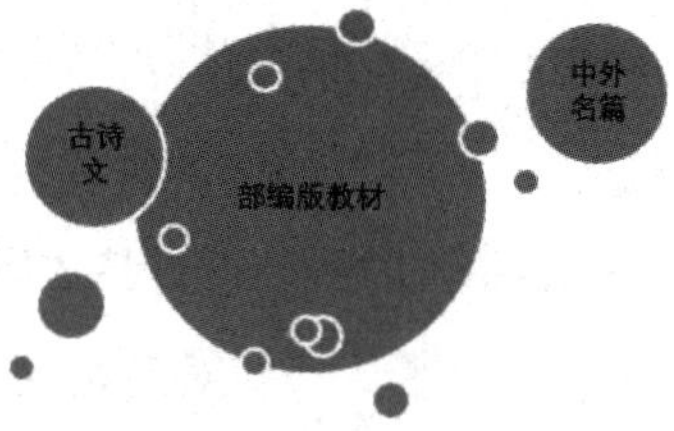

图 1 习作教学策略研究开发与资源利用构成

的小学语文三年级至五年级通用的人物刻画习作资源库。

2. 以实践和评价提升人物刻画习作的品质

从教与学双向活动出发，探索以整合资源为载体，符合人物刻画习作特征的多元策略。运用实践、比较、反馈、诊断等多种方式，了解学生的习作状态。调整和改善教与学的两者关系，探索以“模块化、创新化、激趣化”为核心主旨的实践范式。

3. 提升学生人物刻画习作的核心能力。

以“斟词酌句、架构语言、比较引用、研判推敲”以学生人物刻画习作能力为基础发展目标，提高学生人物刻画习作的语言能力以及思维能力，最终形成学生人物刻画习作的核心能力——自主习作实践能力。丰富习作知识储备，了解新型的习作策略，激发习作兴趣，形成习作智慧。

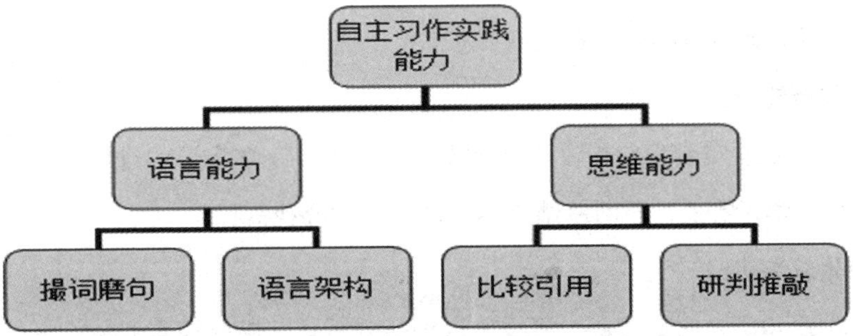

图2 习作教学策略研究核心能力开发结构

（三）研究内容

1. 小学中高年级习作教学教与学的现状及分析。

2. 以年段为单位，梳理完整且有效的人物刻画的策略与方法。

3. 小学中高年级人物刻画的习作教学策略、方法探索。

4. 在主题习作单元的统领下，以课内主题阅读文本、《语文园地》中词句段运用、课外人物刻画的名家名作等为载体，探索多元体系的人物刻画教学的全新范式。

5. 由中年级到高年级的人物刻画综合运用习作的评价方案的设计。

（四）研究方法

本课题的研究遵循循序渐进的原则、协同性的原则，努力追求依托部编版现有教材的丰富性和多元性的特点，针对小学中高年段的人物刻画习作的策略教学的课堂实效。

文献资料法：

通过对国内外有关文献的收集和研究，学习已有的文献资料，进行借鉴，并适当加以深化，使课题研究的内涵和外延更丰富，更明确，更科学，争取在现有研究水平的基础上有所提高和突破。

实践研究法：

以课堂教学实践为依托，从具体实施方案入手，在指导的过程中关注学生的发展态势及学习实效，不断总结具体方法，从中寻找规律。

经验总结法：

在实践和研究的基础上，根据本课题研究重点，随时积累素材，探索有效措施，总结得失，探寻最佳途径和方法，开发依托教材的序列资源以及不同年级语言实践的可操作经验。

（五）研究步骤

第一阶段：准备阶段（2020年8—10月）

1. 制定课题研究方案，组建课题研究团队；

2. 阅读相关文献资料，运用调查研究法梳理前期实践资料，准备本课题的研究；

3. 对参与研究的教师进行前期的培训；

该阶段主要研究手段以文献法、调查法为主；

前期研究的反思与提炼。

第二阶段：研究阶段（2020年10月—2022年7月）

1. 现状调查（2020年10月）

通过资料查找、问卷访谈等方式，了解目前我校语文教师日常教学中对于学生习作指导实施的现状和困惑，并梳理参与研究教师的教学能力、研究水平等；对前期已初步进行习作教学研究总结实践过程中的收获与困惑。

2. 细化总课题，制定分步研究小专题（2020年11月）

结合前期的现状调查，确定围绕大课题开展的年级研究小专题。如《小学三年级起步作文的研究》《小学中年级模仿写人的习作研究》《小学中高年级写人文本读写结合的研究》等。

3. 小学中高年级部编教材聚焦人物刻画的习作教学策略研究（2020年11月—2022年6月）

以部编版教材人物刻画习作单元的内容为研究载体，设计读写结合点，探索有效的习作策略的写作法，课外拓展一类文本，以名家名篇为主，展开人物刻画策略，既漫画式写外貌、夸张式写神形、典型化写语言、幻境式写心理、环境烘托、同衬和反衬等研究，深入研究如何完善习作教学体系，将“板块式、多元化、重操练”的教学理念融入每一堂课，引导学生将学到的人物刻画策略运用到习作实践之中，进而促进学科的发展和教师的专业成长。

4. 人物刻画策略习作的评价体系研究（2021年1—6月）

通过对人物刻画策略习作实践的探索，检测研究实效，以评价进一步推进课题的深入研究。课内完成他作评价修改的评价机制，激励学生参与评价，提高自己的写作水平。同时，平行班习作互评的评价体系的形成，对同年级，同样认知水平的学生进行习作评价；最后落实老师的日常评价体制，这样一来形成多元的、表现性的综合评价体系。

该阶段主要研究手段以调查研究法、行动研究法、案例分析法、实践反思研究法等为主。

第三阶段：总结阶段（2022年7—9月）

1. 教学案例整理归类、梳理各类文档资料（如课堂案例、教学设计、教学随笔、分阶段研究小结等）。

2. 收集整理研究成果，撰写课题结题报告。

该阶段主要研究手段以实践反思法、经验总结法为主。

三、研究过程

（一）小学中高年级习作教学现状分析

1. 小学中高年级习作策略教学内容的现状分析

应该说，对于人物刻画习作的研究，现有的教材中并没有独列的或者成序列状的策略研究的教材编撰。S版老教材，没有单独的人物刻画习作策略的单元，只有教科书后面的写作提示中略微陈列的写作建议，这一点写作建议不足以指导和形成学生的习作方法；部编版教材在原有的老教材的基础上有很大的改观，教材中有独立的策略单元，习作单元的编排中由阅读、习作例文及习作提示和目标三个模块组成，模块之间有一定的联系，为习作策略的形成搭建了阶梯。然而，部编版教材关于人物刻画策略的占比不高，具体策略的指导实践不够精细，中年级到高年级段没有形成螺旋式上升的序列。由此可见目前的教材无法满足习作教学的实践要求，本研究旨在挖掘人物刻画习作策略的教学素材，形成教学模板，建立平行的序列。

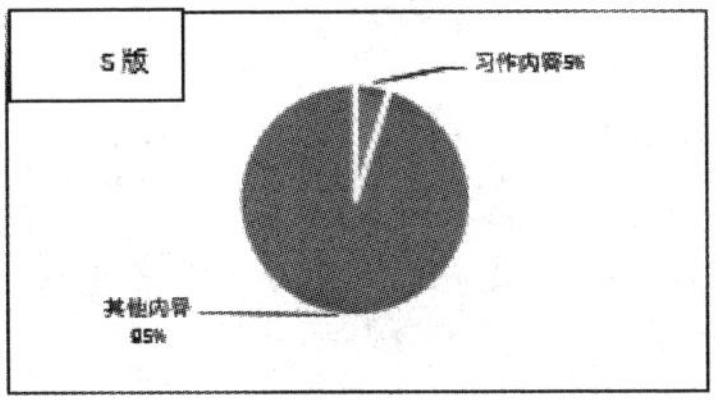

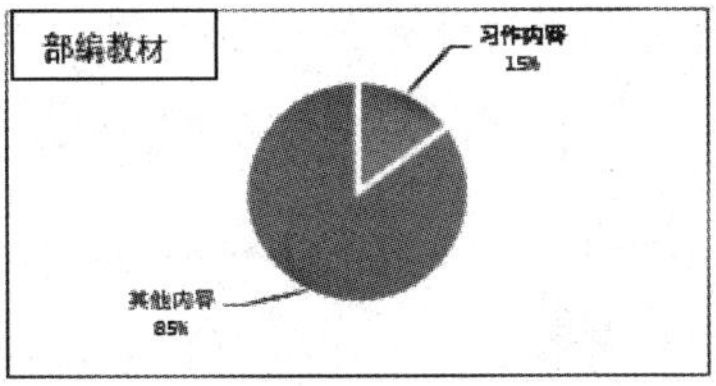

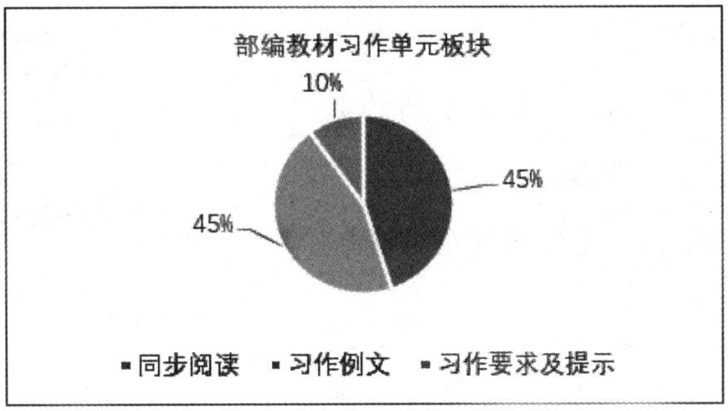

2. 小学中高年级习作教学教师教学现状分析

首先，先指导还是先习作的困惑，在习作指导中先指导有助于学生习作思路的有效形成，然而也有框定思路、千篇一律的诟病；如果先习作后指导，学生的习作就会存在不着边际、言之无序的状态。其次，教材给予的阅读范文及习作例文偶有指导性不明确的问题存在，教室缺乏可操作性的有效依托的习作指导抓手。再次，教材从三年级至五年级关于一个独立的写作策略的教学，没有形成梯度和一定的层次，没有在年级段上形成一个层递性，教师的教学呈现出零碎状。最后，教师习惯了全篇式的教学，对细节化的描写没有达成相应的落实。

3. 小学中高年级习作教学学生学习现状分析

（1）有素材但缺乏新意。“巧妇难为无米之炊”，不善于观察生活，留意生活的点滴，少有生活体验或生活活动单一。

（2）有架构但缺乏内容的鲜活。“依葫芦画瓢”，文章有习作的“套路”，但是内容枯燥乏味，少有细节化的描摹。

（3）有语言但缺乏情感。“情到深处自然浓”，学生情感落到语言的行动迟缓，呈现出语言单薄，没有感染力。

（4）有思考但没有思维，单纯地为习作而习作，没有搭建习作和思维之间的联系，让文章立体起来，除语言的灵动和内容的鲜活之外，还能具有一定的思辨性和趣味性。

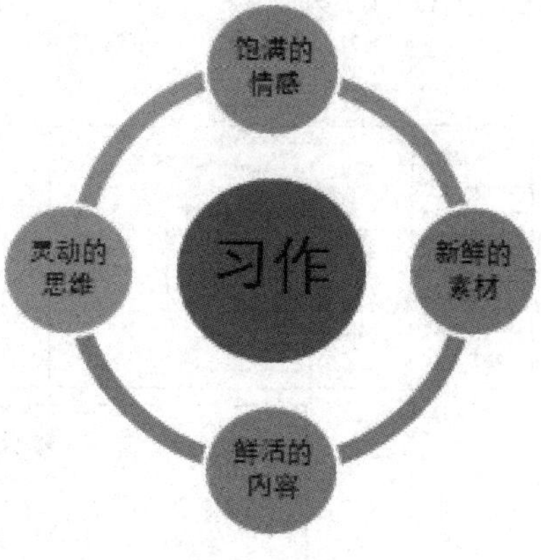

图3 习作教学策略研究现状分析

（二）开展调研研究，厘清小学语文中高年级人物刻画习作教学现状和问题

1. 调研概况

为了了解中高年级人物刻画习作教学的现状，有针对性地开展相关研究工作，在准备阶段，课题组先开展了初部调研，调研主要以问卷星的方式展开，在本年级四个班抽取了181名学生进行问卷调查。

调研工具《小学语文中高年级人物刻画习作教学现状调查问卷》是课题组成员根据现有的作文教学的实际情况自行编制，问卷内容从人物刻画的阅读和常态习作两个方面，包含了习作兴趣、习作认识、习作手法的意识，习作认同度、阅读爱好、阅读意识等。

2. 调研结果

为了保证问卷调查的有效性，我们课题组利用午会课的时间统一发放，集中填写并当场回收，充分保证了发放率和回收率。问卷设计以下定义和举例子等多元的方式，符合本年级学生的认知规律和辨识规律。结合调研的情况，现就小学中高年级人物刻画习作教学现状作如下分析。

一是阅读情况：

（1）学生的阅读爱好参差不齐。

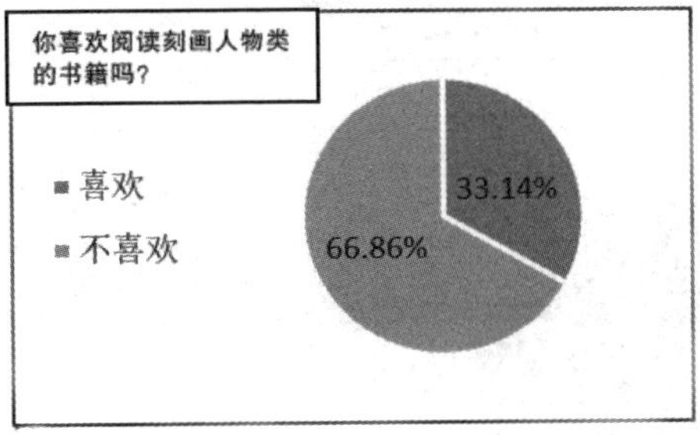

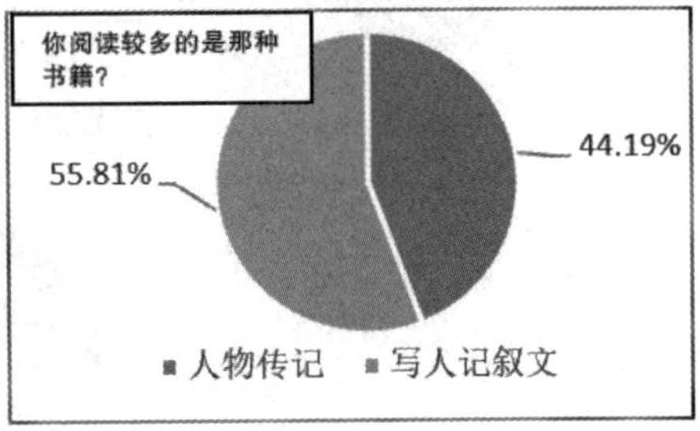

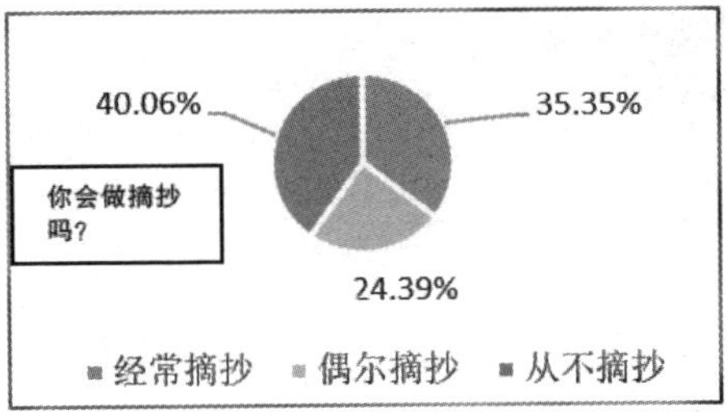

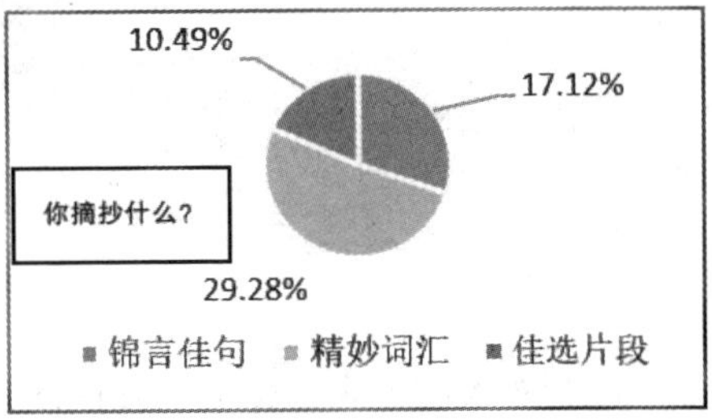

（2）无意识阅读多于有意识阅读。

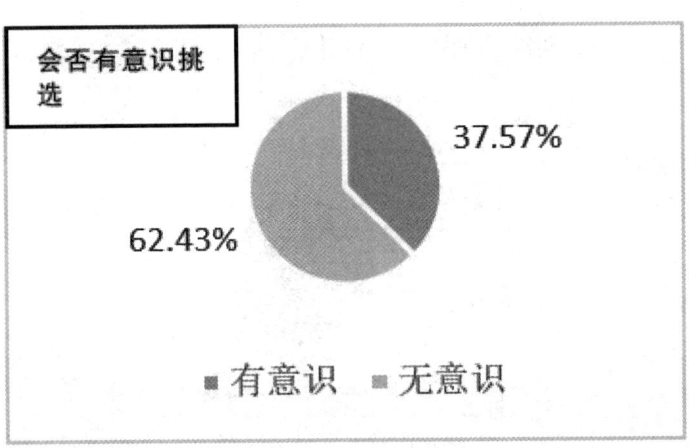

二是习作情况：

（1）对习作的兴趣不高。

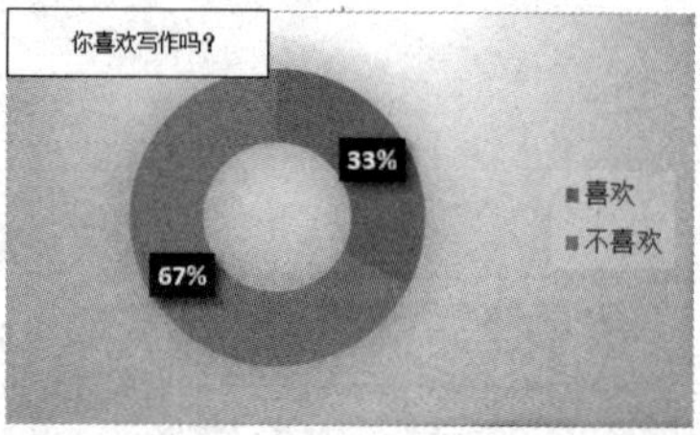

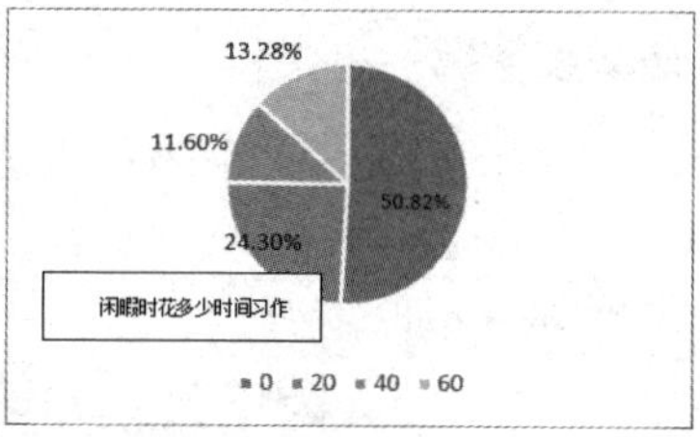

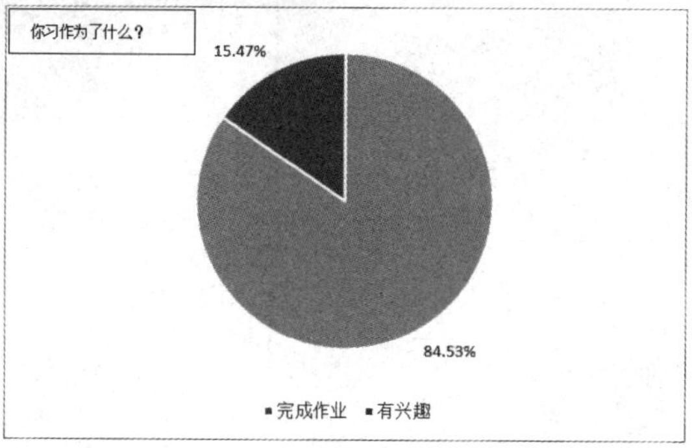

（2）对人物刻画习作的认知尚浅

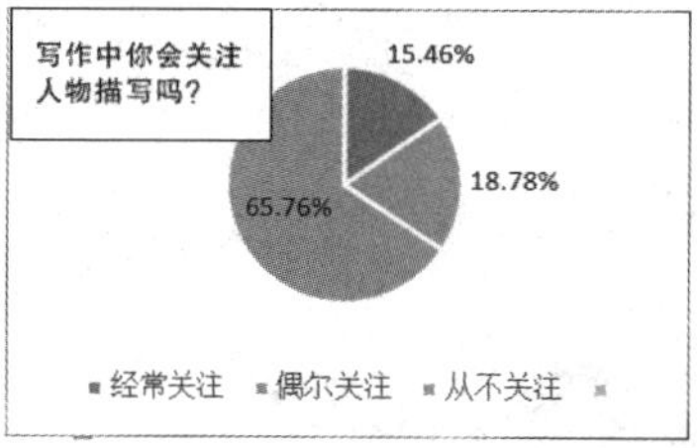

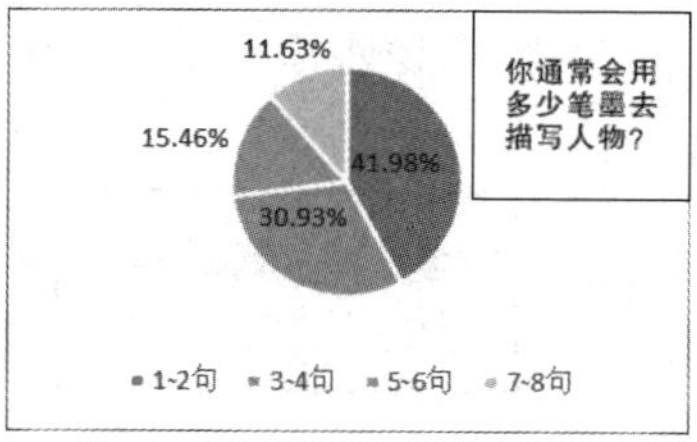

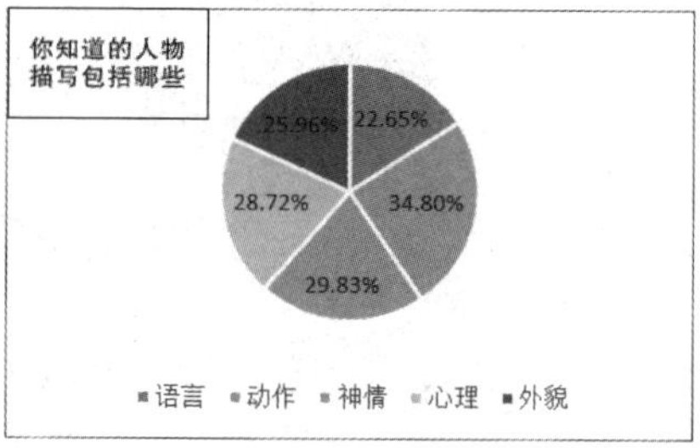

（3）运用人物刻画策略的意识比较模糊

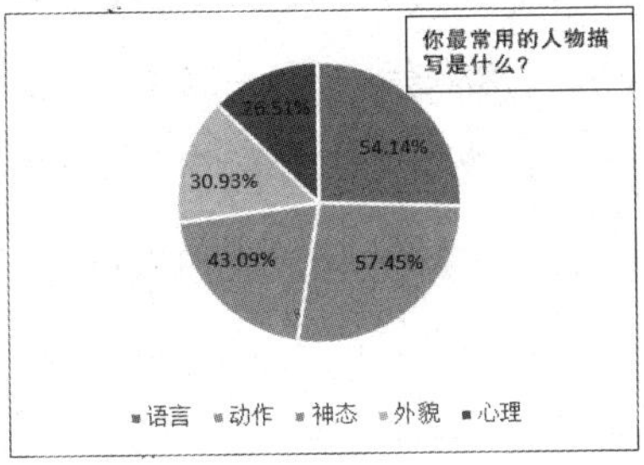

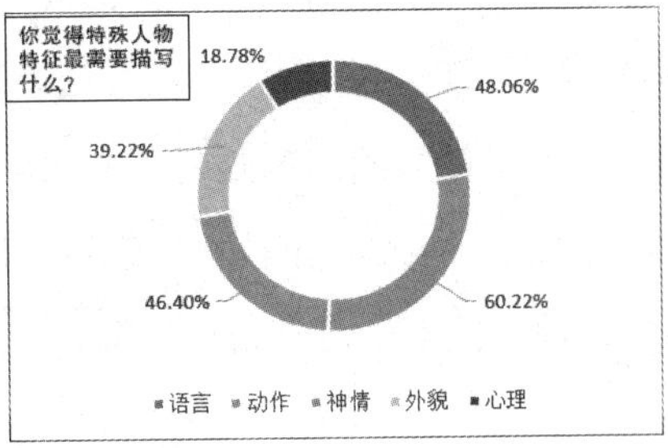

（4）自主运用人物刻画策略的认同度不够。

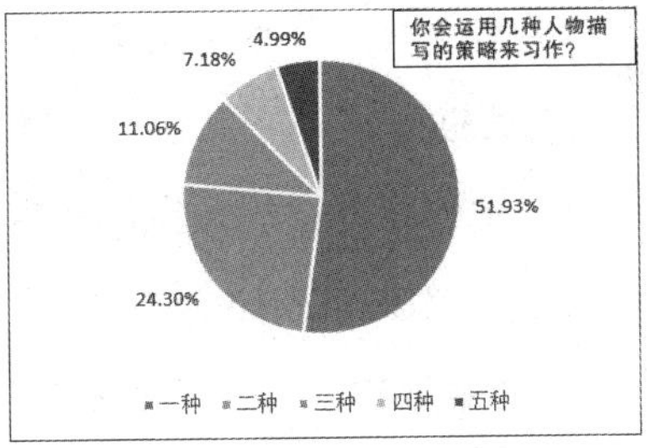

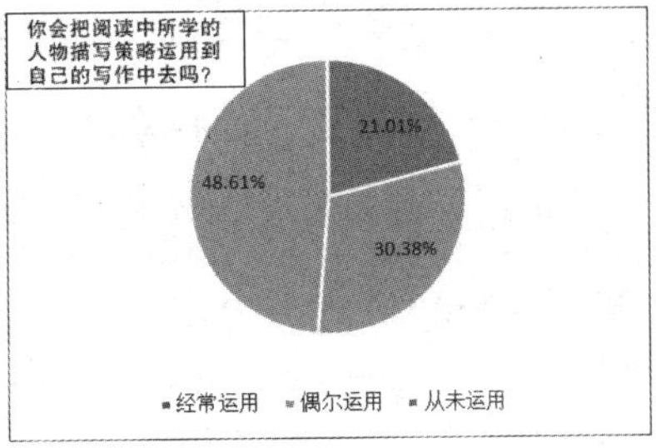

三是教师教学情况：

开展习作教学的相关研究，离不开对教师现有的习作教学现状的调查，课题组成员对本校区中高年级段的10位老师在约定的时间和地点进行了访谈，其中5名是经验型教师，3名是成熟型教师，2名是青年教师。访谈发现，老师们对于习作教学的兴趣和教学策略的提高有待于进一步地提升。

（1）对现有的习作教学资源认可度不高。

问及是否对现有的习作教学存在一定的困惑，表示存在较大困惑的有5人，占50%；表示存在一点困惑的是5人，占50%；表示完全没有困惑的无人。问及在习作教学中有没有特别关注人物的刻画，表示没有特别关注的有6人，占60%，表示偶尔会关注一下的有3人，占30%，只有1人是比较关注习作中人物的刻画的；

问及在指导学生完成以事记人的记叙文时，在人物的多元描写指导方面是否会花很多时间？表示花的时间较少的有4人，占40%，表示会花较多时间的有5人，占50%，表示关注习作整体，没有刻意关注人物的有1人，占10%；问及现有的作文指导课中，最大的困惑是什么？表示用于系统指导习作的资料太少的是3人，占30%，表示现有的习作教材年级段之间没有呈现梯度上升有4人，占40%，表示不能很好地激发学生习作兴趣的有3人，占30%。

（2）此类习作的教学实践不足

教师在日常教学中，有3人经常引导学生广泛阅读人物传记；2人会在学生阅读中引导学生关注人物的语言、动作、神态等描写，从而分析人物的特征；3人会在阅读教材时，着重关注关于人物的各种描写，帮助学生掌握人物描写的方法，还有2人会结合平时的单元小练习上的阅读片段，帮助学生了解和学习人物描写的策略。问及日常习作指导中，会不会把人物刻画的几项策略单独进行有针对性的指导，7人表示不会，3人表示偶尔会，因为教材限制的缘故，没有1人会把人物刻画的策略进行单独分类的教学，都是放置在整篇习作的指导中综合完成，基本上是蜻蜓点水的状态。

（3）此类习作的实践研究不深入

10位老师都认为，日常的教学研究主要着眼于阅读教学，针对习作教学的研究不够充分。就习作研究本身而言，常态的教学研究主要着眼于教学中教学环节和流程的熟悉，教学后的学生习作的评价，很少有关于教学初钻研于教学资料的研发，教学框架的搭建以及学生兴趣的激发。

3. 调研结论

综上可见，学生对刻画人物类的书籍阅读存在无意识状态，对此类书籍的爱好也存在参差不齐，在阅读中自主摘抄描写片段或锦言佳句的较少，阅读可能只是随机或兴趣所致，所以自主积累人物刻画策略，收集并实际运用的能力较弱。

学生大多对于习作本身的兴趣不高，对于人物刻画习作的认识尚浅，平时不太关注针对人物的多元刻画来反映人物的特征，即使运用了一定的刻画手段也显示比较单一，不够饱满丰富，在常用的人物刻画的策略的运用中，最为多用的是动作描写，其次便是语言描写，能运用五种以上的描写手法的极少。

教师对习作教学的实践不足，对于教学资料的研发以及学生兴趣的激发都存在一定的困惑，觉得现有的习作教学教材尚有一定的上升的空间，基于研修的习作教学实践研究不充足，习作教学还未能走出传统教学的框框，教师本身对于习作教学的深入研究存在差异。

可见，目前小学语文中高年级人物刻画的习作，缺乏系统的规整的符合学生年龄特点的可应用的实践材料；缺乏足以激发学生习作兴趣的课程体系；也缺乏结构严谨的教学内容。学生的这一类习作的经历和相应的阅读能力有待于进一步地提高。

（三）小学中高年级人物刻画的习作教学策略综合资源的构建

1. 整合与梳理部编版教材资源，立足原点

语文教材是课程理念的物化表现，也是语文教学最重要的凭借，我们在研发小学语文中高年级人物刻画习作资源先从整合和梳理部编版教材资源入手。语文教材资源，既语文教材中阅读与写作板块显性或隐性的人物刻画文本资源。在近两年的研究过程中，我花了不少的时间和精力去研究部编版教材，也花了不少时间翻阅了大量的古今中外的名家名篇，把它们与现有的部编版教材做了一定的有效的整合，遴选出适合现有的学生学习经验的相关的语段，结合编制成可以进入课堂实施的教材。

表1　部编版教材人物刻画内容梳理表

年段目录	所属单元	习作篇目	写作目标	所属单元	阅读篇目	人物刻画指向
三年级第一学期	一	《猜猜他是谁》	选择一个同学，用几句话或一段话写一写他	三	《卖火柴的小女孩》	人物外貌 人物心理
				八	《掌声》《灰雀》《手术台就是阵地》	人物语言 人物动作
三年级第二学期	六	《身边那些有特点的人》	写一个身边的人，尝试写出他的特点	八	《慢性子裁缝和急性子顾客》	人物语言
四年级第一学期	四	《我和……过一天》	写一个喜欢的童话和神话人物，展开想象写一个故事	四	《盘古开天地》《普罗米修斯》《女娲补天》	人物外貌
				八	《王戎不取道旁李》《西门豹治邺》《扁鹊治病》《纪昌学射》	人物动作
四年级第二学期	七	《我的“自画像”》	从多个方面写出自己的特点	六	《小英雄雨来》《我们家的男子汉》《芦花鞋》	人物外貌
				七	《诺曼底号遇难记》	人物语言
五年级第一学期	二	《“漫画”老师》		二	《将相和》	人物外貌 人物语言
				六	《慈母情深》《父爱之舟》	人物动作 人物神情
				七	《月迹》	
五年级第二学期	三	《他__了》	从多角度写一个人的表现	三	《青山处处埋忠骨》	人物语言 人物神情 人物动作 人物心理
	四	《形形色色的人》	选取典型事例写一个人	四	《人物描写一组》	人物语言 人物动作 人物神情 人物心理

特别需要指出的是，我在研读教材中这些名家名作时（如《卖火柴的小女孩》《诺曼底号遇难记》《慈母情深》），通过深入的文本剖析式的细读，努力挖掘文本中存在的写作策略（如《诺曼底号遇难记》中大段的人物语言的描写、《卖火柴的小女孩》中心理描写、《慈母情深》中母亲动作的描写），咀嚼一词一句中的精妙，把文本中外显和内在的习作技能进行有效地收集和整理，找到教材中具有独到之处的语言资源，进行开发和再利用，或片段，或整篇，或句词，让学生感受到语言文字魅力的同时，二次感悟习作中可以运用的最佳策略。领略作者笔下事件人物的鲜活生动，从而渗透到自己的写作中去，潜移默化中，学生的语言感受能力提升了，习作语言更有张力了，对习作的兴趣提高了，对于人物刻画的多元策略加强了。

2. 引入与融合其他外部资源，拓展延伸

在课外拓展延伸的领域，如古今中外的名家名篇，我国古典文学，文言名著，现当代文学，儿童文学中关于人物刻画的佳段金句，层出不穷，整合这些文本素材中人物刻画策略的资源，可以填补现有教材中对人物刻画文本资源的不足，丰富学生的阅读内容，提高学生的阅读水平，激发学生阅读兴趣的同时，提高学生的人物刻画习作能力。

表2　中外文学及古诗文梳理表

习作模块	名家名作	古诗文
人物外貌	 雨果《巴黎圣母院》 屠格涅夫《猎人笔记》 钱钟书《围城》 	《题胖子》
人物动作	 司汤达《红与黑》 李宝嘉《官场现形记》 巴尔扎克《欧也妮•葛朗台》 老舍《二马》 	《庖丁解牛》 《口技》
人物语言	 曹雪芹《红楼梦》 吴梓敬《范进中举》  让•克劳德•穆莱瓦《罗伯特的第三次报复行动》	《两小儿辩日》
人物心理	 都德《最后一课》	《黔之驴》

古今中外的名家名篇中有许多关于人物刻画的优秀片段，在完成甄选的过程中，需要大量地阅读和鉴别，提炼出具有一定特征性的语段，把他们组合到人物刻画策略研究的案例中去。例如，《巴黎圣母院》中对钟楼怪人卡西莫多的外貌描写极具特征性，可以用来完成“漫画式”外貌刻画策略的教学范例；又如，司汤达《红与黑》中一连串的动作刻画出了老索莱尔的凶悍的性格，以及他与自己的儿子于连之间的微妙的关系，可以用来完成“夸张式”动作刻画策略的教学范例；再如，曹雪芹《红楼梦》王熙凤这个“凤辣子”“未见其人，先闻其声”的语言描写，可以用来作为“个性化”语言刻画策略的教学范例。这些范例作为人物刻画习作策略的“索引”，为学生的习作指明了方向，奠定了基础，起到了抛

砖引玉的作用。

（四）小学中高年级人物刻画的习作教学策略探索

1. 研究思路

通过教材研究和现状的调研，围绕研究的目标，以教材资源开发为主，其他资源开发为辅，利用资源，研究机制，自主评价为主要研究内容进行策略的探索，推动小学中高年级人物刻画的习作教学策略的深入探索。

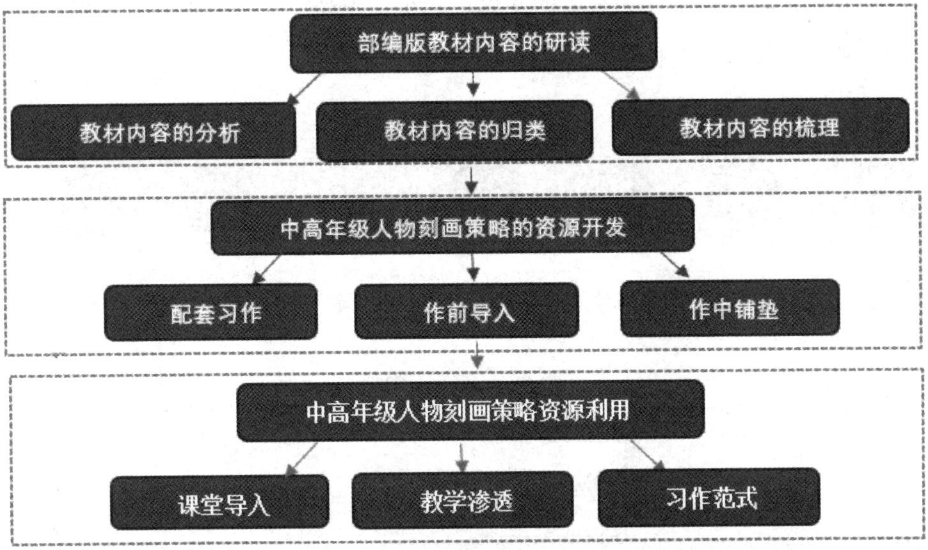

图 4 《小学中高年级部编教材聚焦人物刻画的习作教学策略研究》研究思路

2. 研究编纂的流程

综合部编版教材，中外名家名作，古诗文的材料，筛查符合学生年龄特点和认知规律的素材，分析可以运用于课堂实践的切片式素材内容，挖掘与聚焦最能够体现人物刻画策略的部分素材，进入编纂，形成一条具有可行性的编纂流程。

图 5 《小学中高年级部编教材聚焦人物刻画的习作教学策略研究》研究流程

3. 研究实践的路径和结构

以部编版教材写人记事文本为载体，结合课外阅读的名家名篇及古诗文片段，探索一条符合小学中高年级学生特点的稳定的课堂实践路径，遵循常态化习作教学的规律，构建一个适切的习作教学机制——这个机制有一定的教学结构，即较为稳定的教学模块作为有效的支撑，让小学中高年级人物刻画习作策略的研究能够解决“教什么”和“怎么教”的问题。

图 6 《小学中高年级部编教材聚焦人物刻画的习作教学策略研究》研究实践路径

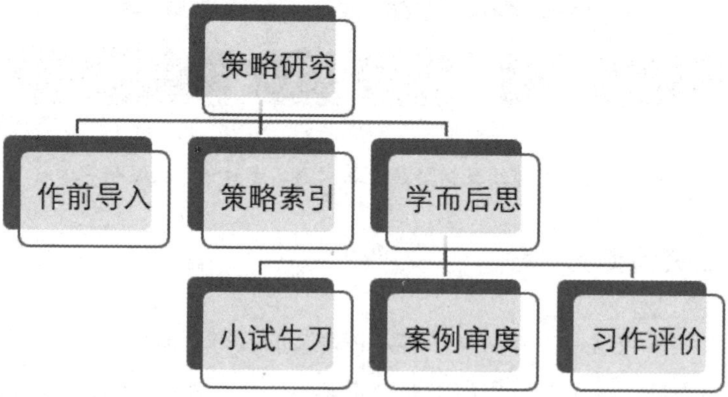

图 7 《小学中高年级部编教材聚焦人物刻画的习作教学策略研究》研究实践结构层次

4. 研究策略

小学语文中高年级聚焦部编版教侧人物刻画策略研究中，研究的策略呈现多元化的分部态势，所谓的“多元化态势”就是按照不同的习作模块，对应合适的习作策略，在“漫画式外貌描写”模块所运用的策略有三个——夸张法、比喻法和幽默法；在“夸张式动作描写”模块所运用的策略有两个——个性化和幽默化，同样是“幽默化”策略，在不同的习作模块又呈现不一样的概念，不会相互叠加，而会泾渭分明；在“个性化语言描写”和“多视角心理描写”两个习作模块中所运用的策略有五个（也是本次课题研究中策略研究较多的两个模块），语言描写的“个性化”和心理描写“多视角”，都是为了努力细化这两种描写的特征，因为单纯的“个性化”是一个比较空洞的词儿，怎么做才能使得语言体现人物或者角色的“个性”，那就需要细化“个性”的标志性语言内核，才能逐步体现语言的“个性化”。同样的道理“心理描写”怎么写才能让它更加饱满，使它具有一定的心理特征，或者同一时刻不同的情感和情绪的表达，让习作的视角多棱度的体现，做到极细致的描摹，那就需要多视角地去刻画。

表 3 小学语文部编版教材聚焦人物刻画习作教学策略研发表

习作模块	策略研发	对应教材	对应名作	对应古诗文
漫画式外貌描写	夸张法 比喻法 幽默法	《盘古开天地》 《他像一棵挺脱的树》 《小英雄雨来》	雨果《巴黎圣母院》 屠格涅夫《猎人笔记》 钱钟书《围城》	《题胖子》
夸张式动作描写	个性化夸张 幽默化夸张	《两茎灯草》 《小嘎子与胖墩比赛摔跤》	司汤达《红与黑》 李宝嘉《官场现形记》 巴尔扎克《欧也妮•葛朗台》 老舍《二马》	《庖丁解牛》 《口技》
个性化语言描写	指向个性的语言 指向情绪态度的语言 指向内心的语言 具有幽默感的语言 包涵经历的语言	《慈母情深》 《剃头大师》 《挑山工》 《西门豹治邺》 《青山处处埋忠骨》 《小英雄雨来》	曹雪芹《红楼梦》 让•克劳德•穆莱瓦《罗布特的第三次报复行动》 吴梓敬《范进中举》	《两小儿辩日》
多视角心理描写	内心独白 神态辅助 动作语言辅助 梦境和幻境 环境的烘托	《月迹》 《鸟的天堂》	都德《最后一课》	《黔之驴》

（五）小学语文部编版教材聚焦人物刻画策略研究的研究案例及范式

1. 漫画式外貌描写

作前导入

某城市的监狱里逃跑了一个犯人，需要全城通缉捉拿这名逃犯，通缉令上这样写道：该罪犯不胖也不瘦，眼睛不大也不小，鼻子不高也不低，皮肤说黑也不黑，胡子说有也没有……

显然，这样一张通缉令，无论如何也是抓不到那名逃犯的，因为这张通缉令上的人物外貌没有任何特点，想要抓到那名逃犯，那就需要一份人物外貌特征十分凸显的通缉令——今天我们就来学一学漫画式外貌的描写——帮助警察写一份有特点的通缉令。

策略索引

什么是漫画式外貌描写？漫画本来是绘画的一种，所谓漫画式外貌描写，就是用夸张、幽默、比喻等手法，突出人物外貌的某一个特点并加以描绘。可以是夸大其词，也可以是调侃讥讽，这样的描写和照镜子不一样，更贴近人物的灵魂，使读者印象深刻。

（1）夸张法

通过夸大人物外貌的一些特点，达到搞笑或者惊悚的效果，从而让读者对人物的外貌过目不忘。

例如：他整个人就是一副怪相。一个大脑袋，红棕色头发竖起；两个肩膀之间耸着偌大的驼背，与其相对应的是前面鸡胸隆凸；大腿与小腿，七扭八歪，不成个架势，两腿之间只有膝盖才能勉强并拢，从正面看去，活像两把月牙形的大镰刀，只有刀把结合在一起；夸大的脚板，巨大无比的手掌。

（法）雨果《巴黎圣母院》

这是大文豪雨果在他的《巴黎圣母院》中对钟楼怪人卡西莫多的外貌描写。一个字——丑。雨果是怎么把一个人写丑的呢？他就是运用了夸张的手法，他把脑袋写大了，把驼背写得驼到了极致，腿弯的无法形容，手脚大到无限夸张……

（2）比喻法

例如：他的头上，前面的一根头发也不剩了，后面簇着稀疏的淡褐色发卷；一双小眼睛好像是芦苇的叶子切出来似的，亲切地眨动着；红润的嘴唇甜蜜地微笑。

——（俄）屠格涅夫《猎人笔记》

例如：妈妈还是死命追着不放，到底追上了，可是雨来浑身光溜溜的像条小泥鳅，怎么也抓不住。

扁鼻子军官的目光立刻变得凶狠可怕，他向前弓着身子，伸出两只大手。啊！那双手就像鹰的爪子，扭着雨来的两只耳朵，向两边拉。

——部编版教材四年级下《小英雄雨来》

《猎人笔记》中的这段描写把人物的眼睛小描写得淋漓尽致，他把眼睛比作芦苇叶子切出来的，多新鲜的比喻啊！

《小英雄雨来》中的两次比喻：一次把雨来比作小泥鳅，写出了他的灵活和机智；第二次把鬼子的双手比作鹰的爪子，凸显了敌人的凶恶和狡诈。同样是比喻手法来写人物的外貌，但是褒贬不一，表达的效果也不一样。

（3）幽默法

例如：侯营长有个橘皮大鼻子，鼻子上附带一张脸，脸上应有尽有，并没有给鼻子挤去眉眼，鼻尖儿几个酒刺，香味成熟的草莓，高声说笑，一望便知是位豪杰。

——钱钟书《围城》

这段描写是幽默的，幽默在为了凸显侯营长酒糟鼻子在脸上的比例之大，作者提到**“鼻子上附带一张脸”**，这样的描写把鼻子的喧宾夺主的特点展现出来了，虽然有悖于现实，但是幽默的效果显而易见。

学而后思

（1）什么是漫画式的外貌描写？

（2）漫画式的外貌描写可以通过哪些具体的写作手法来体现？

小试牛刀

如果你的老师恰好是一个胖子，你该怎么写写他的外貌呢？（部编版教材五年级上册《我的漫画老师》）

（1）词汇宝典：肥头大耳、脑满肠肥、膘肥体壮、富态横生

（2）古人来写：

题胖子

四体不勤脾胃刁，三餐无肉也增膘。

千姿体态木瓜面，万种风情水桶腰。

行路须当防滑石，渡江不可过危桥。

生前已比泰山重，一死何须惜羽毛。

（3）边写边思：

思考一：如果我们要写一个胖子，应该写哪些部位？

思考二：为了凸显胖子的特征，这些部位可以用我们所学的什么方法来写？

习作案例

我的老师阿丁是一个名副其实的十足的大胖子，眼睛小得，简直就像嵌在脸上的两颗小黑豆（比喻法），腮帮子上堆满了肉，下巴下不知打了多少个褶子（夸张法），他的腿就是两根顶天的大柱子，走起路来，地板都得震得“嘎吱嘎吱”响。（幽默法）

（4）思考与练习

①给这个片段取一个题目。

②在这个片段中你认为哪些写法让你觉得忍俊不禁？

自我评价

（1）我运用了学会的漫画式外貌描写。 ☆☆☆☆☆

（2）我的语句通顺连贯。 ☆☆☆☆☆

（3）我感受到了这样描写人物外貌的乐趣。 ☆☆☆☆☆

2. 夸张式动作描写

作前导入

严监生喉咙里痰响得一进一出，一声不倒一声的，总不得断气，还把手从被单里拿出来，伸着两个指头。大侄子走上前来问道：“二叔，你莫不是还有两个亲人不曾见面？”他就把头摇了两三摇。二侄子走上前来问道：“二叔，莫不是还有两笔银子在那里，不曾吩咐明白？”他把两眼睁得滴溜圆，把头狠狠摇了几摇，越发指得紧了。奶妈抱着哥子插口道：“老爷想是因两位舅爷不在跟前，故此记念。”他听了这话，把眼闭着摇头，那手只是指着不动。赵氏慌忙揩揩眼泪，走近上前道：“爷，别人说的都不相干，只有我晓得你的意思！你是为了灯盏里点的两茎灯草，不放心，恐费了油。我如今挑掉一茎就是了。”说罢，忙走去挑掉一茎。众人看严监生时，点一点头，把手垂下，登时就没了气。

——部编版教材五年级上《两茎灯草》

究竟是什么重要的事情，让严监生死不瞑目？这两根手指到底是何意？作者没有一下子就让读者看个明白，而是绕了一大圈，描写这严监生的两个手指，给人留下了深刻的印象，写作中这样夸张细腻的动作准确无误地表现出严监生此时此刻为了两茎灯草着急的心情，让读者忍俊不禁。这就是夸张描写人物动作的最佳效果，我们也去学一学吧！

策略索引

什么是动作描写，相信大家都不陌生，那就是准确描写人物的动作。而夸张描写动作和一般意义上的动作描写有所不一样，他要求我们在认真仔细观察人物动作的同时，大胆、生动地刻画最有效、最具有特色的动作，让人物的个性更加鲜明化。夸张的动作描写可从个性化、幽默式和细节式等三个写作策略入手。

（1）个性化的夸张手法

简言之，就是抓住最具有人物个性特点的某些动作，进行夸张的描写。

这父亲虽然年纪大了，却仍敏捷地跳上正在锯着的一个树干，又跳上支撑着棚顶的横梁，猛地一掌，把于连拿着的书打落到河里，接着又是猛地掌，打在于连的头上。于连身子一歪，眼看就要跌倒，若是跌进十四五尺下面正在运转的机器的杠杆中间，非粉身碎骨不可；这当儿，他的父亲伸出左手，一把将他揪住……

——司汤达《红与黑》

文中一连串的动作，我们很难理解它们出自一个五六十岁的老头儿，这一连串的夸张的动作描写生动地刻画出了老索莱尔的凶悍的性格，以及他与自己的儿子于连之间微妙的关系。

小嘎子在家里跟人摔跤，一向仗恃手疾眼快，从不单凭力气，自然不跟他一叉一搂。两人把“枪”和“鞭”放在门墩上，各自虎势儿一站，公鸡鹐（qiān）架似地对起阵来。起初，小嘎子抖擞精神，欺负对手傻大黑粗，动转不灵，围着他猴儿似的蹦来蹦去，总想使巧招，下冷绊子，仿佛很占了上风。可是小胖墩儿也是个摔跤的惯手，塌着腰，合了裆，鼓着眼珠子，不露一点儿破绽。两个人走马灯似的转了三四圈，终于三抓两挠，揪在了一起。这一来，小嘎子可上了当：小胖墩儿膀大腰粗，一身牛劲，任你怎么推拉拽顶，硬是扳他不动，小嘎子已有些沉不住气，刚想用脚腕子去钩他的腿，不料反给他把脚别住了，趁势往旁侧里一推，咕咚一声，小嘎子摔了个仰面朝天。

——部编版教材四年级上《小嘎子与胖墩比赛摔跤》

在这个语段中，鲜活地呈现了两个个性鲜明的孩子，一个是“小嘎子”，一个是“小胖墩”，“小嘎子”身手灵活，身姿灵巧，精神抖擞总想着使巧招，下冷绊子。“小胖墩”膀大腰粗，一身牛劲，也有自己的妙招。这样一来，孩子身上体现出来的具有年龄特色的好胜心强以及不甘示弱的特点跃然纸上。

（2）幽默夸张法

萧长贵一听强盗二字，更吓得魂不附体，马上想穿裤子逃命。急忙之中又没有看清，拿裤脚当作裤腰，穿了半天只伸下一只腿去，那一只腿抵死伸不下去。他急了，用力一蹬，豁啦一声，裤子裂开了一大条缝。至此方才明白穿倒了，重新调过来穿好。把长衣披在身上，来不及钮扣子，那扎腰拦腰一捆，拖一双鞋。

——李宝嘉《官场现形记》

萧长贵一系列杂乱无章的动作，搞笑至极！让人捧腹！当他得知遇到强盗之后的惊慌失措、丑态百出的样子描写得淋漓尽致，从而体现出他作为小人物的懦弱无能的特点。

（3）细节夸张法

一八二七年，葛朗台已经八十二岁了。他患了疯瘫症，不得不让女儿了解财产管理的秘密。他不能走动，但坐在转椅里亲自指挥女儿把一袋袋的钱秘密堆好。当女儿将储金室的房门钥匙交还给他的时候，他把它藏在背心口袋里，不时用手抚摸。临死前，他要女儿把黄金摆在桌面上，他一直用眼睛盯着，好像一个才知道观看的孩子一般。他说："这样好叫我心里暖和！"神父来给他做临终法事，把一个镀金的十字架送到他唇边亲吻，葛朗台见到金子，便做出一个骇人的姿势，想把它抓到手。这一下努力，便送了他的命。最后他唤欧也妮前来，对她说："把一切照顾得好好的！到那边来向我交账！"他死了！

——巴尔扎克《欧也妮•葛朗台》

古今中外的吝啬鬼都是一样的，见钱眼开，你看老葛朗台和严监生有得一比，死前还在琢磨自己的那点钱，见到金子简直连自己的命都不要了，作者一连串细节化的动作描写把人物的特点刻画得惟妙惟肖，活灵活现，真让人哭笑不得。

学而后思

（1）要想把人物的动作写得惟妙惟肖，可以从哪几个方面入手？

（2）你觉得夸张式的动作描写与一般的动作描写有什么不一样？

学而后思

（1）词汇宝典：抓耳挠腮、眼疾手快、手舞足蹈、健步如飞、飞檐走壁

（2）古人来写：

庖丁为文惠君解牛，手之所触，肩之所倚，足之所履，膝之所踦，砉然向然，举刀騞然，莫不中音。合于桑林之舞，乃中经首之会。

——《庖丁解牛》

这一段描写一个名叫丁的厨师替梁惠王宰牛，精妙的动作描写堪称一绝，无论是视觉上还是听觉上，都给人以身临其境之感。

习作案例

“嘟、嘟、嘟。”三声清脆的哨音划破了整个山谷的沉寂，也把我从梦中惊醒。是三声！紧急集合！我随手去拉灯绳。“别开灯！”不知哪里来的一声提醒了我。紧急集合是不允许开灯的。

这时的我，用热锅上的蚂蚁来形容，是一点儿也不过分，好不容易胡乱套齐了衣服，背包却怎么也打不上，脑门上急出一层汗。打了拆，拆了打，折腾了两三次就是打不好。心里一慌连手指也给缠了进去。最后干脆一咬牙，横七竖八地给被子来个“五花大绑”，往肩上一扛，跳下地，拖拉着鞋，冲出门外……（细节夸张）

爸爸端起碗，用筷子夹起了四五根面条，小心翼翼地挑起，好像是怕吵醒了谁似的，轻轻地送到嘴边，他不急着吃，先用鼻子狠狠地嗅了又嗅，恨不得把那几根面条上的香味全部嗅进他的鼻腔……也许是闻够了香味，他终于悠悠地一嗦，那几根面条便消失在嘴角边了……（幽默夸张）

张柳是个慢性子，他的“慢”是你所无法想象的，也就是任何事都无法让他急起来。这不，老师在叫他的名字呢：“张柳，你来回答这道题。”你看他，慢慢地提起屁股，就像裤子和椅子粘在一起一般，徐徐地打直腰板，把眼睛从手里的书上缓缓地移到黑板上，嘴巴像是装上了门锁，声音始终没有出来……老师急得眼睛里快冒出了火来！（个性化夸张）

自我评价

给这三个片段各取一个有趣的题目。

想一想，哪些地方的描写起到了出神入化的作用，和伙伴们讨论一下。

作前导入

（1）我运用了学会的夸张式的方法描写动作。 ☆☆☆☆☆

（2）我的语句通顺连贯，读起来朗朗上口。 ☆☆☆☆☆

（3）我感受到了这样描写人物动作的精妙。 ☆☆☆☆☆

3. 个性化语言的描写

就在这时，船长威严的声音压倒了一片呼号和嘈杂。黑暗中人们听到这一段简短有力的对话：

“洛克机械师在哪儿？”

“船长叫我吗？”

“炉子怎么样了？”

“海水淹了。”

“火呢？”

“灭了。”

“机器怎样？”

“停了。”

船长喊了一声：“奥克勒大副？”

大副回答：“到！”

船长问道：“我们还有多少分钟？”

“二十分钟。”

“够了，”船长说，“让每个人都下到小艇上去。奥克勒福大副，你的手枪在吗？”

“在，船长。”

“哪个男人胆敢在女人前面，你就开枪打死他！”

——部编版教材四年级下《诺曼底号遇难记》（选段）

这是雨果的《诺曼底号遇难记》中的一段节选，人物的对话少见提示语，因为当时的情况十分危急，作者没有用笔墨再去描写人物说话前的动作和语言，但是，从这一组对话中不难看出哈尔威船长的沉着冷静以及他的临危不惧，简短有力的语言，让人物的形象一下子鲜明起来。我们写好人物，必须写出个性化的人物语言，做到“话到人到”。接下来我们就一起看看怎样才能写出个性化的人物语言吧！

策略索引

什么是语言描写，就是在习作中刻画人物所说的话语。语言描写是塑造人物形象的重要手段。一段成功的鲜活的语言描写有助于我们摸索到人物的生活习性以及他的内心世界，也就是我们的未见其人先闻其声。

（1）语言要代表人物的个性

黛玉刚进贾府，正和贾母等谈论着自己的体弱多病和吃药等事。一语未了，只听见后院中有人笑声，说：“我来迟了，不曾迎接远客！”黛玉纳罕道：“这些人个个皆敛声屏气。恭肃严整如此，这来者系谁，这样放诞无礼？”

——曹雪芹《红楼梦》

他说：“我们哪里有近道，还不是和你们走的同一条道？你们肩膀上没有挑子，是走得快，可是一路上东看西看，玩玩闹闹，总得停下来嘛！我们跟你们不一样，不像你们那么随便，高兴怎么就怎么。一步踩不实不行，更不能耽误工夫。我们得一个劲往前走。别看我们慢，走长了就跑到你们前边去了。”

——部编版教材四年级下《挑山工》

第一段文字写的是黛玉刚到贾府，作者没有直接告诉来人是谁，直接用人物的语言，将人物带入情境中，王熙凤这个“凤辣子”“未见其人，先闻其声”的爽直、大胆的性格一览无遗。

第二段文字描写了“挑山工”的语言，语言不华丽，没有丰富多彩的辞藻，但是浅显易懂的言语中蕴含着深刻的人生哲理，挑山工朴实无华脚踏实地的性格特点也跃然纸上。

（2）语言要代表人物的情绪

“嗬！”小沙高兴了，“你真把头发剪下来了？”

——部编版教材三年级下《剃头大师》

第一段作者在写老师训斥马小跳的时候，在语言之中加入了人物的动作、神情，形象地写出了老师当时那种“恨铁不成钢”的气愤的心情。

第二段作者描写小沙的语言，小沙因为怕去理发店受折磨，因此央求“我”给他剪头发，当他得知头发被剪下来以后，内心无比地高兴，一个孩子的简单情绪通过简单的语言呈现在读者的眼前。

（3）语言要能够表达人物的内心世界。

罗伯特情绪高涨，简直就是一个孩子。他前言不搭后语地向妈妈叙述着那天晚上坐在大树上看到的一切：“我向你发誓，妈妈，那个胖女人当时真的吊在吊灯上！勒康是连滚带爬地逃进厨房的！”妈妈笑得眼泪都流出来了，不停地发出“啊！哦！”还经常追问细节：“你可别告诉我它还在人身上小便啊！”“何止这些，妈妈……”

——让•克劳德•穆莱瓦《罗伯特的三次报复行动》

这一段描写了罗伯特成功地报复了她的学生！所谓君子报仇十年不晚，更何况是三十年的“仇”，读来让人忍俊不禁，开怀大笑，语言中渗透着他的内心深处的掩藏不住的喜悦。

（4）语言要带有一定的幽默感

有一次，在伯父家里，大伙儿围着一张桌子吃晚饭。我望望爸爸的鼻子，又望望伯父的鼻子，对他说：“大伯，您跟爸爸哪儿都像，就是有一点不像。”

“哪一点不像呢？”伯父转过头来，微笑着问我。他嚼着东西，嘴唇上的胡子跟着一动一动的。

“爸爸的鼻子又高又直，您的呢，又扁又平。”我望了他们半天才说。

“你不知道，”伯父摸了摸自己的鼻子，笑着说，“我小的时候，鼻子跟你爸爸的一样，也是又高又直的。”

“那怎么——”

“可是到了后来，碰了几次壁，把鼻子碰扁了。”

“碰壁？”我说，“您怎么会碰壁呢？是不是您走路不小心？”

“你想，四周黑洞洞的，还不容易碰壁吗？”

“哦！”我恍然大悟，“墙壁当然比鼻子硬得多了，怪不得您把鼻子碰扁了。”

在座的人都哈哈大笑起来。

——《我的伯父鲁迅先生》

这一段话中，鲁迅说自己的鼻子之所以又扁又平的原因是他四处碰壁，话里包含着幽默，也是在调侃自己的一种表现。

(5) 语言要能够体现一个人物的经历

母亲大声问："你来干什么？"

"我……"

"有事快说，别耽误妈干活！"

"我……要钱……"

我本已不想说出"要钱"两字，可是竟说出来了！

"要钱干什么？"

"买书……"

"多少钱？"

"一元五角就行……"

——部编版教材《慈母情深》

梁晓声的《慈母情深》一文里这一段的语言描写颇有特色，把一个历尽沧桑的母亲的形象体现得淋漓尽致，家境贫寒，目前靠在环境恶劣的工作环境里为一家人挣钱，母亲在工作时为了要争分夺秒，话语简短，绝不拖泥带水，面对前来讨要书钱的"我"却没有犹豫，没有踌躇，直接问了需要多少钱买书，虽然家里缺钱，但是母亲依旧支持我读书，这样一个善解人意、爱子心切的母亲，简短的几句对话就让我们能一目了然。

学而后思

(1) 个性化的语言描写可以凸显出人物的什么？

(2) 你最喜欢哪一种语言描写？和伙伴们交流一下，说说自己的理由。

小试牛刀

（1）词汇宝典：语出惊人、能言善辩、妙语连珠、口若悬河、浮文巧语

（2）古人来写：

两小儿辩日

孔子东游，见两小儿辩斗，问其故。

一儿曰："我以日始出时去人近，而日中时远也。"

一儿以日初出远，而日中时近也。

一儿曰："日初出大如车盖，及日中则如盘盂，此不为远者小而近者大乎？"

一儿曰："日初出沧凉，及其日中如探汤，此不为近者热而远者凉乎？"

孔子不能决也。

两小儿笑曰："孰为汝多知乎？"

两小儿辩日，各执一词，各有各的理由，在充分阐述自己理由的时候，语气坚定且不容置疑："此不为远者小而近者大乎？""此不为近者热而远者凉乎？"两句以反问的句式凸显一个"辩"字，也把"两小儿"少年无惧的性格体现出来了。

习作案例

习作情境：自行车上有一个人，他的背包里突然落下了一沓钱一样的东西……

这一叠钱躺在地上，就像一块儿磁铁，立马吸引了周围的人：散步的停下了脚步，聊天的打住话头，还有几个估计是长了火眼金睛，从老远处以迅雷不及掩耳的速度冲过来，不一会儿，人全齐了。

（试探）“天哪！这是钱吗？这儿得有多少钱哪？”

（明知故问）“这是钱吧！好像是哎！我没有看错吧？”

（欲擒故纵）“还是让它躺在地上吧！这么多钱，人家会回来拿的吧！”

（直截了当）“得了，就我们这几个人，直接分了吧，见者有份哦！”

（正义凛然）“不行，不能拿！丢钱的人该有多着急，等会一定会回来找的。”

（秉公执法）“还是先报警吧，让警察来处理！”

边写边思：

① 不同类型的人在同一个情境下所表现出来的语言是不一样的吗？

② 尝试着给这段话加上一些提示语，再写一写。

这一叠钱躺在地上，就像一块儿磁铁，立马吸引了周围的人：散步的停下了脚步，聊天的打住话头，还有几个估计是长了火眼金睛，从老远处以迅雷不及掩耳的速度冲过来，不一会儿，人全齐了。

一个瘦高个的男人试探着问：“天哪！这是钱吗？这儿得有多少钱呢？”

“这是钱吧！好像是哎！”一个身材矮小的老头儿明知故问，“我没有看错吧？”

一个胖胖的女人欲擒故纵地开言道：“还是让它躺在地上吧！这么多钱，人家会回来拿的吧！”

“得了，就我们这几个人，直接分了吧，见者有份哦！”中年男人倒是直截了当。

人群中突然出现一个正义凛然的小伙子：“不行，不能拿！丢钱的人该有多着急，等会一定会回来找的。”

（秉公执法）“还是先报警吧，让警察来处理！”

自我评价

（1）我运用了学会的个性化的方法描写语言。☆☆☆☆☆

（2）我的语句通顺连贯，读起来朗朗上口。☆☆☆☆☆

（3）我感受到了这样描写人物语言的精妙。☆☆☆☆☆

4. 多视角的心理刻画

作前导入

船在树下泊了片刻。岸上很湿，我们没有上去。朋友说这里是“鸟的天堂”，有许多鸟在这树上做巢，农民不许人去捉它们。我仿佛听见几只鸟扑翅的声音，等我注意去看，却不见一只鸟的影儿。只有无数的树根立在地上，像许多根木桩。土地是湿的，大概涨潮的时候河水会冲上岸去。“鸟的天堂”里没有一只鸟，我不禁这样想。于是船开了，一个朋友拨着桨，船缓缓地移向河中心。

——部编版教材《鸟的天堂》节选

在这一段的叙写中，作者刻画了自己内心真实的感受：“鸟的天堂”里没有一只鸟。从视觉和感官出发，“我”在朋友说的“鸟的天堂”里的确没有看到一只鸟，甚至是鸟的影子，随之而来的便是内心的疑惑：“鸟的天堂”里究竟有没有“鸟”，夹杂着内心点滴的遗憾：“我”希望看见“鸟的天堂”里的鸟，然而一只鸟也没有。这就是心理描写的妙处。

我两处去看了，两处的水里都有月亮；沿着河沿跑，哪一处的水里都有月亮了。我们都看向天上，我突然又在弟弟妹妹的眼睛里看见了小小的月亮。我想，我的眼睛里也一定是会有的。噢，月亮竟是这么多的：只要你愿意，它就有了哩。

我们坐在沙滩上，掬着沙儿，瞧那光辉……正像奶奶说的那样：它是属于我们的，每个人的。我们又仰起头来看那天上的月亮，月亮白光光的，在天空上。我突然觉得，我们有了月亮，那无边无际的天空也是我们的了。

——部编版教材《月迹》节选

在这两段的叙写中，作者先后出现两次内心最真实的感受。一处是：我想，我的眼睛里也一定是会有的。第二处是：我突然觉得，我们有了月亮，那无边无际的天空也是我们的了。在追求美好的月亮痕迹时，我的情绪和思想也在随之变化着，看见月迹无处不在，我想到它既然会在弟妹的眼里，自然也会在“我”的眼里，因为“我”的心里早就住进了一个月亮一样的美好的东西。同样的道理，因为心中的美好，想象力的极速飞扬，“我们”看到的天空里不仅是月亮了，连整个天空都住进了我们心里，想象是没有边际的。这就是心理描写的妙处。

策略索引

眼看大家都有了“战果”，而我却一无所获，我急得抓耳挠腮，不由得加快了寻找的速度。我的目光从一片片叶子上扫过，那碧绿的叶子亮闪闪的，似乎故意在和我捉迷藏。突然，我眼前一亮，一只大大的母蟋蟀映入眼帘。只见它停在高高的枝头上，全身碧绿碧绿的，长长的触须高高地向上翘着，挺着大大的肚子，像一个骄傲的将军。我高兴极了，它可是我第一个瞄准的“猎物”呢！按捺住兴奋的心情，我小心翼翼地把双手拢成一个半球，准备给它致命一击。手起拳落，我用力朝蟋蟀迅速扣去。嘿，小东西，看你还往哪里逃？我一点一点地在手指间漏出一个小缝，眼里满含着期待。咦？什么都没有？什么都没有！天哪，竟然让它跑了！它竟从我的眼皮下溜走了！我沮丧极了，简直是失望到了极点！正在我垂头丧气的时候，发现那只大蟋蟀正在另一个枝头上得意地鸣叫着呢，连那眼神都似乎在向我挑战。

这段心路历程的描写可谓出神入化，为了抓一只蟋蟀，“我”真可谓用尽了浑身的解数，心理的变化随着蟋蟀的被抓和逃走也起起伏伏，从急于求成到高兴极了；从兴奋到眼里满含期待；一直到蟋蟀没有如愿以偿地到我的手中的那种沮丧和失望，整个叙写的过程中，作者紧紧抓住了内心微妙的一点一滴的变化，细腻又充满了童趣。

她又擦亮了一根。火柴燃起来了，发出亮光来了。亮光落在墙上，那儿突然变得像薄纱一样透明，她可以从那儿一直看到屋里：桌上铺着雪白的台布，摆着精致的盘子和碗，肚子里填满了苹果和葡萄干的烤鹅正冒着热气。更妙的是，这只鹅从盘子里跳下来，背上插着刀和叉，摇摇摆摆地在地板上走着，一直向这个穷苦的小女孩走来——这时候，火柴又灭了，她面前只有一堵又厚又冷的墙。

——部编版教材三年级上册《卖火柴的小女孩》

这段话中没有一个词语是直接写小女孩又饥又冷的感受的，但是我们能够深深地感受到此时此刻的小女孩一定是饥肠辘辘、手脚冰凉，她是多么渴望有一顿可以饱腹的晚餐啊！我们为什么能够感受到她内心的渴望呢？靠的就是这一段幻觉式的心理描写。

什么是心理描写：对人物在一定环境中，围绕客观事物而产生的看法、感触、联想、潜意识等思想活动的描写。

心理描写的要求：符合身份、表现性格、结合环境、扣住主题。

一个良好的心理刻画的范式，一定会含有以下几个板块，有了这样全面的写作策略，人物心理描写就会显得更加细腻，甚至是走到了人物的内心深处。

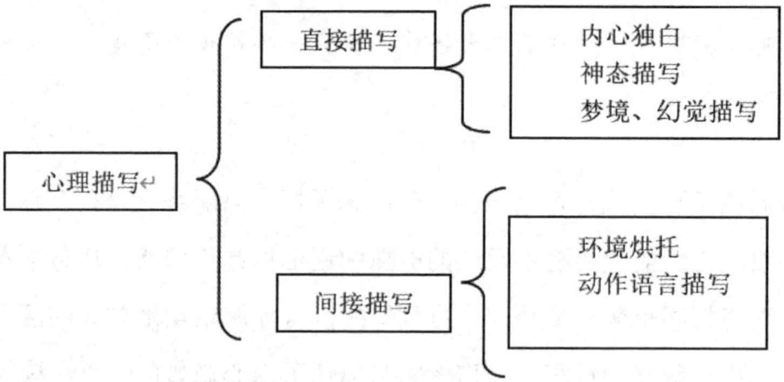

例一：内心独白

一名学生在老师宣布成绩时的心理活动：

我不停地在心里念叨：阿弥陀佛，大慈大悲的观世音菩萨，保佑我吧！我再也不踢球了，不看电视，不打游戏机了。唉！都怪我自己，老想着打游戏机，考试前一天还趁父母不在家偷看了一个小时的电视。老师啊，手下留情，你让我过了这一关，我以后上课一定好好听课，千万别让我不及格啊！

“内心独白”用人物独白的方式来展示人物内心世界的技巧。这段描写中，作者用了“内心独白”的描写方法，大段的独白，层次清晰，内容丰富饱满，把自己内心的愧疚、惶恐表现的淋漓尽致。

例二：梦境和幻觉

我好像看见满试卷鲜红的叉组成一张巨大的网向我卷来，把我网住，使我不能动弹，不能挣扎，我又仿佛看到了老师的满面的怒容，仿佛听到了父母失望的叹息声和旁人的嘲笑声。

“梦境和幻觉”的心理描写法在漫画中被广泛使用，这样的描写方式，常常会用“好像看到”“仿佛听到”等标志性的表达方式。这段描写中，作者用了这样的写作手法，把内心的恐惧和害怕发挥到了极致。

例三：环境衬托

天阴沉沉的，不时刮来阵阵冷风。风刮到我身上，我就不由自主地打战。教室里静悄悄的，只听见“沙沙”地发试卷的声音。“哗啦！”我的心随之猛跳了一下，原来是一个同学不小心把书碰到了地下。同桌的试卷已发下来了，72分，看着同桌哭丧的脸，我不由得心里直打鼓。

“环境烘托”也是间接表现人物内心世界的一种写作手法，借助外部事物来表现内心深处的感受，让心理描写更加灵动，在这段描写中，作者借助天气环境、教室环境来烘托自己拿到满是“叉叉”的试卷以后心理的失落与惶恐，应该说太生动了！

例四：神态和动作的辅助

A．试卷静静地反躺在桌上，我用有点颤抖的手去慢慢地掀开试卷一角，一个鲜红的“4”字映入我的眼帘，我的手一抖，试卷又合上了。我一咬牙，把手伸到试卷底下，用力一翻，随着“啪”的一声，我看到了我的分数——48，可怜的“48”，我“唉”了一声便瘫在桌上。

B．这时，一阵热烈的讨论声打断了他的思绪，他猛地一抬头，看见老师正从讲台上注视着他。他立马又紧张起来，他的目光四处移动，似乎在搜寻什么，他是那么不安，甚至不敢接触任何人的目光。然后他又把头深深低下去，好像怕被老师看见似的。他屏住呼吸等待着，紧握的手心一会儿便被汗水打湿了，可老师还是没有叫他……

“神态”和“动作”的辅助是除环境烘托之外的心理描写大法，在这两段文字的描写中，作者运用了“掀开、一抖、一咬牙、用力一翻”等动词，体现了作者的矛盾心理；又通过“目光、屏住呼吸”等神态的描写，刻画出了一个胆小怯懦不自信的人物形象。

学而后思

读读下面两段文字，想一想，这样写好不好？

开心过后，我不禁担心起来：这个角色，戏份重，有大段大段的英语对白，但我的英语朗读发音一直不太清晰，如果演砸了，那怎么办呀？但是这么好的机会，放弃了，多可惜啊！“不经历风雨，怎么见彩虹，没有人能随随便便成功……”突然想起了这首歌，顿时脑门一亮：演！还有一个月的时间，我一定行！主意打定后，我顿时觉得信心满满，干劲十足！

“担心”是一个空洞的描述，究竟如何“担心”？“担心”到什么程度，需要进一步的细节化描写，于是，后续的一大段心里独白，淋漓尽致地写出了

“我”担心的理由，也就是“我”究竟担心什么？以及“我”鼓励自己说服自己的一个心路历程。

语文课开始了，老师把批好的试卷发了下来，在拿到试卷之前，我紧张得要命，就怕自己考砸了，试卷拿到手以后，我一看不及格，很是伤心。

文章要体现的是“我”在拿到试卷前、拿到试卷时以及拿到试卷后的心理感受，可是这段文字的叙写中作者只是简单地运用了“紧张、害怕、伤心”这三个词语来表现，可以说是十分空洞的，读后也无法令人真切地体会到作者的三种心理情绪。

小试牛刀

（1）词汇宝典：忐忑不安、心乱如麻、心急如焚、心慌意乱

（2）古人来写

他日，驴一鸣，虎大骇，远遁；以为且噬己也，甚恐。然往来视之，觉无异能者；益习其声，又进出前后，终不敢搏。稍近，益狎，荡倚冲冒。驴不胜怒，蹄之。虎因喜，计之曰：“技止此耳！”因跳踉大㘎，断其喉，尽其肉，乃去。

——《黔之驴》节选

在这段描写中，老虎的心理跃然纸上，老虎没有见过驴子，在尝试靠近的过程中它的心路历程也是清晰可见的，“大骇，远遁；以为且噬己也，甚恐”。“觉无异能者”，这些刻画，把虎当时当下的心理状态描写得多么细腻。

习作案例

案例一：（独白）

奶奶给了我无尽的快乐，也使我度过了一个愉快的童年。我在心底默默地对奶奶诉说。（补上心理独白）

亲爱的奶奶，感谢你，给了我无忧无虑的童年，让我在你的保护伞下快乐地成长，我觉得自己就像一个在蜜糖里泡大的孩子一样，幸福极了！可是，不经历风雨，怎么能见彩虹，您要是愿意让我独自去面对学习和生活中的风浪，我相信自己会成长得更快！

案例二：（幻觉）

姥姥微眯着眼睛对我说："春天夜里凉，别冻着了。多学习点好，但不要太累，早些睡才好啊！"姥姥的声音有些沙哑。（补充我的心理活动）

我仿佛又看见了姥姥那张爬满了皱纹的脸，仿佛听见了她在夏夜里给我哼起的小夜曲，仿佛看到她在灯下帮我缝制新的衣服，仿佛看见她厨房里做着我最爱吃的美味佳肴……

案例三：（环境）

我在作文竞赛中获得了一等奖，高兴地跑回家告诉妈妈。（请补充我的心理活动）

枝头上的鸟儿在唱着欢歌，仿佛在大声地祝贺我今天的成功，花儿随风摇摆着婀娜的身姿，仿佛在为我的成功而翩翩起舞，喧闹的自行车铃声和汽车的喇叭声也不那么聒噪和喧嚣，他们就像唱起了大合唱，祝贺我的成功。

案例四：（神态与动作）

因为作业没有及时交，老师请妈妈到学校里来，我站在办公室紧张地等待着。（请用动作、神态等描写来表现我的心理活动）

我的心似乎就要跳出胸膛，手心里直冒冷汗，两条腿也一个劲儿地打着战，看着妈妈和老师说话的背影，我的头皮一阵阵地发麻，想要冲进去，但是又不敢，想要为自己争辩几句，可是话到嘴边又咽了下去……

（3）边写边思

① 通过“小试牛刀”，你知道要刻画一个人物的心理可以用哪些方法？

② 在这些刻画人物心理的描写中，你更喜欢哪种方法？

自我评价

（1）我运用了学会的多种方法来描写心理。 ☆☆☆☆☆

（2）我的语句通顺连贯，读起来朗朗上口。 ☆☆☆☆☆

（3）我感受到了这样描写人物心理的精妙。 ☆☆☆☆☆

5. 人物刻画的综合运用

作前导入

饭时，凤姐与鸳鸯商议要拿刘姥姥取个笑儿。鸳鸯便拉着刘姥姥悄悄嘱咐了一番，刘姥姥道："姑娘放心。"入了座，贾母说声："请"，刘姥姥站起身来，高声说道："老刘，老刘，食量大如牛。吃个老母猪，不抬头！"众人先还发着怔，后来都一齐哈哈大笑起来。湘云一口茶都喷了出来，黛玉笑岔了气，宝玉滚到贾母的怀里，贾母笑得搂着叫"心肝"。王夫人笑得用手指着凤姐儿，却说不出话来。薛姨妈也撑不住口里的茶，喷了探春一裙子。独有凤姐、鸳鸯二人撑着不笑，还只管让刘姥姥。刘姥姥拿着凤姐给她的镶金象牙筷，沉甸甸地不听使唤，说："这叉把子比俺那铁锨还沉，哪里犟得过它。"又夸那鹌鹑蛋："这里的鸡儿也长得俊，下的蛋也小巧。"凤姐笑道："一两银子一个呢，你快尝尝吧。"刘姥姥伸筷子去夹，哪里夹得起，好容易撮起一个来，伸着脖子要吃，偏又滑下来滚到地上。刘姥姥叹道："一两银子，也没听见个响声就没了。"众人已没心吃饭，都看着她笑。

——《红楼梦》（刘姥姥进大观园）

读了文本，我们不禁暗自叫道："好一幅多姿多彩的群笑图啊！"每个人有每个人笑的姿态和样子，每一个人各具特色的笑态全都生动、夸张地展现在读者的眼前。另外，刘姥姥这个人物的刻画也十分有意思，比如语言描写：刘姥姥站起身来，高声说道："老刘，老刘，食量大如牛。吃个老母猪，不抬头！"一个极为朴实的农村老妪的形象一下子鲜活起来。又如动作描写：刘姥姥伸筷子去夹，哪里夹得起，好容易撮起一个来，伸着脖子要吃，偏又滑下来滚到地上。一个“撮”字儿，一个“伸”字儿，把一个没有见过大世面的村妇形象描写得生龙活虎。

我每次抬起头来，总看见韩麦尔先生坐在椅子里，一动也不动，瞪着眼看周围的东西，好像要把这小教室里的东西都装在眼睛里带走似的。只要想想:40年来，他一直在这里，窗外是他的小院子，面前是他的学生；用了多年的课桌和椅子，擦光了，磨损了；院子里的胡桃树长高了;他亲手栽的紫藤，如今也绕着窗口一直爬到屋顶了。

可怜的人啊，现在要他跟这一切分手，叫他怎么不伤心呢？何况又听见他的妹妹在楼上走来走去收拾行李！——他们明天就要永远离开这个地方了。

……

忽然教堂的钟敲了12下。祈祷的钟声也响了。窗外又传来普鲁士兵的号声——他们已经收操了。韩麦尔先生站起来，脸色惨白，我觉得他从来没有这么高大。

“我的朋友们啊，”他说，“我——我——”

但是他哽住了，他说不下去了。

他转身面向黑板，拿起一支粉笔，使出全身的力量，写了两个大字:

“法兰西万岁！”

然后他待在那儿，头靠着墙壁，话也不说，只向我们做了一个手势:“散学了——你们走吧。”

——都德《最后一课》

韩麦尔先生的动作和表情表现他激动而又痛苦的内心世界，这一段心理追忆，向我们交代了韩麦尔先生对这所学校如此留恋的原因。作者通过对角色语言的刻画展现了人物的内心世界以及他的精神世界。

策略索引

孩子不足两岁，塌鼻子，眼睛两条斜缝儿，眉毛高高在上，眼睛远隔得彼此要害相思病。

——钱钟书《围城》

多么有意思的人物外貌描写啊，特别是最后一句“眼睛远隔得彼此要害相思病”，惟妙惟肖地写出了两眼相隔的距离之远，让人忍俊不禁。

范进不看便罢，看了一遍，又念一遍，自己把两手拍了一下，笑了一声，道：“噫！好了！我中了！”说着，往后一跤跌倒，牙关紧咬，不省人事。老太太慌了，慌将几口开水灌了过来。他爬将起来，又拍着手大笑道：“噫！好了！我中了！”笑着，不由分说，就往门外跑，把报录人和邻居都吓了一跳。

——吴敬梓《范进中举》

“噫！好了！我中了！”这段语言的描写，在选段中出现了两次，足见范进的兴奋之情溢于言表，应该说范进得知自己中举后简直高兴到了癫狂的程度。

老太太开始向前走，小短腿像刚孵出来的小鸭子的。走的时候，脸上的肉一哆嗦一哆嗦地动，好像冬天吃的鱼冻儿。

——老舍《二马》

这段动作描写也是精彩至极了！两处的比喻特别形象生动，先是把老太婆的“小短腿”比作“刚孵出来的小鸭子的”，因为腿短，所以行走蹒跚，因为如刚出生的小鸭子一般地蹒跚行走——难免磕磕绊绊，再加上老太太脸上的肉都松垮了，所以走路时脸上的肉“一哆嗦一哆嗦地动”，又像是“冬天吃的鱼冻儿”。

只见师傅的手臂悠然摆来，悠然摆去，如同伴着鼓点，和着琴音，每一摆刷，那长长的带浆的毛刷便在墙面上啪地清脆一响，极是好听。啪啪声里，一道道浆，衔接得天衣无缝，刷过去的墙面，真好比平平整整打开一面雪白的屏障。

——部编版教材五年级上《刷子李》

同样是动作描写，这段描写有点诗情画意之感，特别是“悠然摆来，悠然摆去，如同伴着鼓点，和着琴音”，刷子李不似在粉刷墙壁，像是在悠然舞动手臂，完成一款惊鸿舞呢！

学而后思

（1）同样是人物刻画，你更喜欢哪一个片段呢？说说你的理由。

（2）要想让一个人物活跃在你的纸上，用什么方法更有效呢？

小试牛刀

（1）词汇宝典：乌烟瘴气　烟雾弥漫　烟雾缭绕　肆无忌惮

（2）古人来写：

遥闻深巷中犬吠，便有妇人惊觉欠伸，其夫呓语。既而儿醒，大啼。夫亦醒。妇抚儿乳，儿含乳啼，妇拍而呜之。又一大儿醒，絮絮不止。当是时，妇手拍儿声，口中呜声，儿含乳啼声，大儿初醒声，夫叱大儿声，一时齐发，众妙毕备。满坐宾客无不伸颈，侧目，微笑，默叹，以为妙绝。

——林嗣环《口技》节选

我们跟着作者的描写，竖起耳朵，去听听声音，你能听到什么？远远地听到深巷中有狗叫，就有一个妇人被惊醒打呵欠、伸懒腰的声音，丈夫说着梦话。过了一会儿孩子醒了，大声哭着。丈夫也醒了。妻子抚慰孩子喂奶，孩子含着奶头哭，妇女又哼着唱着哄他。床上另一个大孩子醒了，大声唠叨个没完。在这时候，妇女用手拍孩子的声音，口里哼着哄孩子的声音，孩子含着奶头的哭声，大孩子刚醒过来的声音，丈夫责骂大孩子的声音，同时响起，各种绝妙的效果都有了。这口技的精妙是不是活灵活现地就在你的眼前。写口技艺人的技艺超群，不需要大段的赞美之词，只需要对他的技艺进行细节化的描写，这既是作者的厉害之处啊！

（3）边写边思

技法	烟民投降记
漫画式外貌刻画	我的老爸是一个烟民，他的牙齿黄得就像新图上一层厚厚的黄蜡，剪刀手是他的标志性动作，两根手指之间也被烟熏成了土黄色
夸张式动作的刻画	他夹起一支烟，肆无忌惮地“享用”起来，时而眯缝起眼睛，像是享受一顿饕餮盛宴，时而砸吧一下嘴巴，像是刚品鉴人间美味……小小的空间里一下子就烟雾弥漫，伸手不见五指
个性化语言的刻画	妈妈说：“还抽，还抽，你就不会戒了！”爸爸只是哈哈地笑。我说：“有抽烟的钱，还不如给我买薯片吃哩！”妈妈说：“别胡说！”我望着妈妈阴沉的面孔，吓得直吐舌头。“隔壁王大爷原来不是抽烟吗？现在戒了，那才叫有志气呢！”“烟草有毒。”我赶快改变了话头，顺着妈妈说，“报纸上常讲，烟草化学成分复杂，含有毒物质二十多种呢！”妈妈听了直点头
幻象式的心理刻画	我仿佛看见爸爸被烟雾包围了，无数烟雾从他的耳朵、鼻子、嘴巴里冒出来，消防员叔叔正拿着水枪对准烟雾中的爸爸，妈妈的手里还拿着一个巨大的灭火器……

① 刻画爸爸这个人物，有没有写出他嗜烟如命的特点？

② 在刻画人物的过程中哪一个部分的描写你最喜欢？

③ “烟雾”的描写在其中起到了什么作用？

习作案例

烟民投降记

我的老爸是一个烟民，他的牙齿黄得就像新图上一层厚厚的黄蜡，剪刀手是他的标志性动作，两根手指之间也被烟熏成了土黄色。

有一天晚饭过后，他又在那儿吸烟了。只见他夹起一支烟，肆无忌惮地“享用”起来，时而眯缝起眼睛，像是享受一顿饕餮盛宴，时而砸吧一下嘴巴，像是刚品鉴人间美味……小小的空间里一下子就烟雾弥漫，伸手不见五指。我仿佛看见爸爸被烟雾包围了，无数烟雾从他的耳朵、鼻子、嘴巴里冒出来，消防员叔叔正拿着水枪对准烟雾中的爸爸，妈妈的手里还拿着一个巨大的灭火器……

妈妈的脸色一下子不好看了，她紧皱双眉，大声说：“还抽，还抽，你就不会戒了！”爸爸只是哈哈地笑。妈妈孤军奋战势单力薄，我立马加入了她的阵营，我说：“有抽烟的钱，还不如给我买薯片吃哩！”妈妈说：“别胡说！”我望着妈妈阴沉的面孔，吓得直吐舌头，看来我是个猪队友，我的建议完全不靠谱啊！“隔壁王大爷原来不是抽烟吗？现在戒了，那才叫有志气呢！”“烟草有毒。”我赶快改变了话头，顺着妈妈说，“报纸上常讲，烟草化学成分复杂，含有毒物质二十多种呢！”妈妈听了直点头。

不知道是妈妈的话起了作用，还是我说的话起到了决定性的作用，总之，爸爸掐灭了烟头，举起上手，做着投降的动作走开了……我和妈妈的禁烟行动取得了阶段性的胜利！我们家的烟民老爸终于投降了！

自我评价

（1）我运用了学会的多种方法来刻画人物。 ☆☆☆☆☆

（2）我的语句通顺连贯，读起来朗朗上口。 ☆☆☆☆☆

（3）我感受到了这样刻画人物的精妙。 ☆☆☆☆☆

四、研究成效

（一）教——形成了可操作的班本化习作教材

在两年的研究过程中，不断地研磨教学地模式，逐渐形成了一套以人物刻画为主的习作教学的班本化教材，在这份教材中细化了习作教学的环节，把原有的传统习作教学中的“以事写人”“以人记事”的整篇教学的模式，改变为针对人物外貌、神态、动作、语言、心理等刻画的专项片段训练，然后整合片段，形成整篇。在这份教材中把习作教学的内容分割成“作前导入、策略索引、学而后思、小试牛刀、自我评价”五个板块，强化作前板块的效能，充分落实部编版教材单元中相关人物刻画文本或者片段的解读和习作技能的把握、完成从作前预热到作中精练的有效的过程；发挥课外拓展阅读的作用，以名家名篇的荐读（包含部编版教材中的选段）为主，解读片段，比较人物刻画技法，完成仿写小片段。板块与板块之间既有效连接又充满张力，依据“教材”，让教学更有“章法”可依。

（二）研——形成了浸润式的习作教学研修机制

课题组的老师创造了“沉浸式”的研修机制，运用已有的小学语文中高年级部编版教材人物刻画策略的“范式教

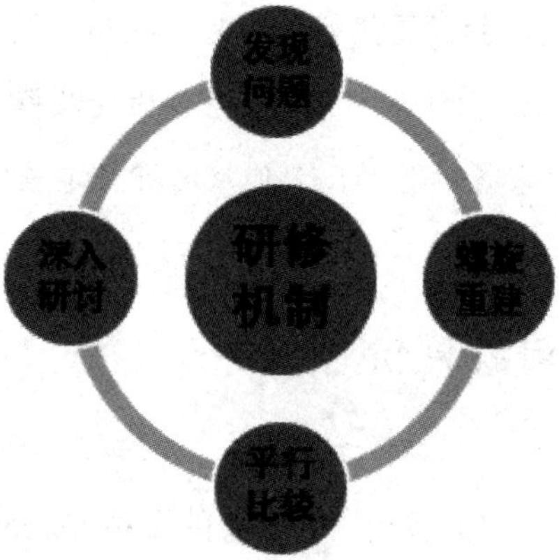

图 7 “人物刻画”策略研究研修循环路径

材”进行多方位的教学研究，尝试习作教学一学期四次，全员卷入，全程参与，每一位教师既是问题的发现者，又是问题的解决者。发现“问题”以后，我们通过“浸润式”的深入研讨，“平行式”的比较，“螺旋式”的推进重建，形成一种联想循环态势的研修模式，每一个成员，以自己的教学感受为原点，充分感知新人物刻画习作策略的优势，评估刻画习作策略存在的问题，这样的研修，促进了教师对人物刻画习作指导的共同进步。

（三）学——形成了有关于人物刻画习作的思维品质

1.多元性。首先，学生学会了从多元的角度去刻画一个人物，而不是单一地去刻画一个人物，多元角度的刻画，让一个人物在习作中一下子就鲜活起来，这样的思维模式打开，与之前的单一思维相比较有了很大程度的改变。其次，学生学会了人物刻画策略的多样性，让人物刻画更生动。最后是指人物刻画的多层次，学生通过由浅入深，循序渐进、由表及里的刻画过程，最终凸显人物的特点。教学中，教师和学生、学生与学生之间，需要共同针对某些问题进行探索，并在探索的过程中相互交流和质疑。多元探索，不仅能够激发学生的学习兴趣，也能有效促进学习的效能，有助于提升学生的习作水平。

2.创新性。部编版教材强调学生通过学习语言的运用，能够获得几种思维能力的发展，包括直觉思维、形象思维、逻辑思维、辩证思维和创造思维，另外，还有思维品质的提升，包括思维的深刻性、敏捷性、灵活性、批判性和独创性。人物刻画的研究过程中学生的创新性品质有了一定成效的提升，首先是材料选用的创新从传统的“老材料”里面跳脱而出，如“我的烟民老爸”“题胖子”“一沓钞票引起的风波”……其次是学生语言表达的创新提升，运用了幽默、夸张、典型化，富有个性的语言塑造可触可摸的人物形象，表达的灵动性跃然纸上。

比较学生在“人物刻画”习作策略掌握之前、之中，以及之后对刻画“多元性”的体验，学生对人物刻画的习作，也就是我们常说的“写人”的文章的兴趣在不断地被唤醒，他们对于此类习作的能力也有了稳步的提高。

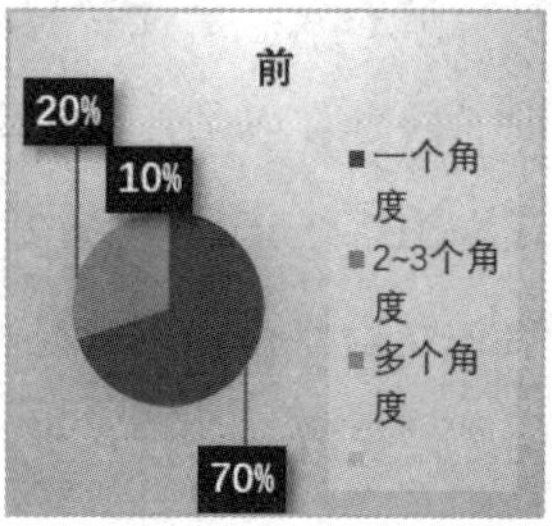

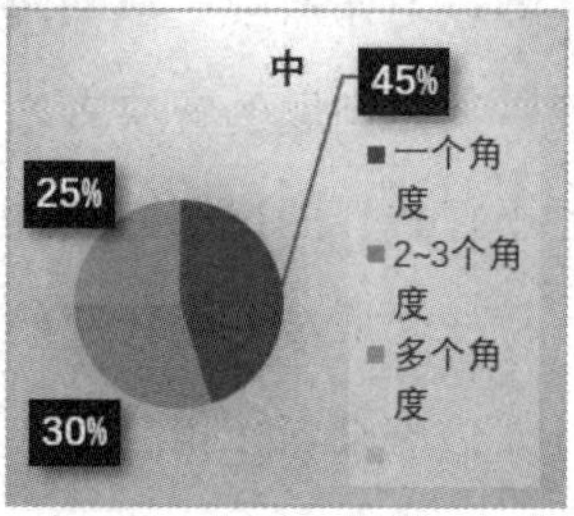

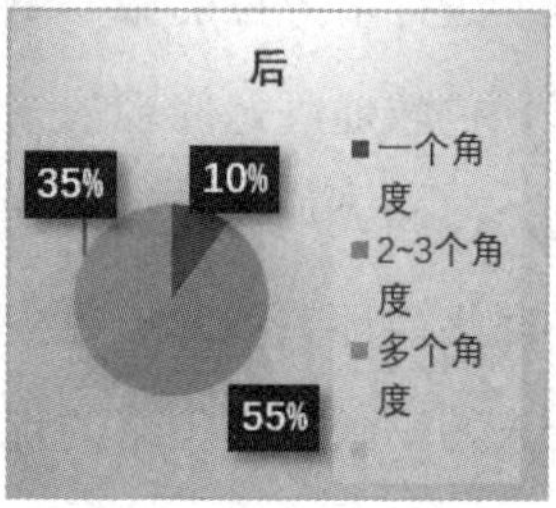

（四）课——形成了独具一格的玩味的模式

立足于习作课堂，立足于习作课堂的有效实践，板块推导式的教学模式让课堂在循序渐进中充满了乐趣，凝聚着已有的传统人物写作精髓的课堂，推翻了原有的老旧模式，变全新的模式让学生充满了好奇，在探索和追究实践的过程中，把范文、例文、名家语段、古诗词、古诗文与现实写作相杂糅，让学生依葫芦画瓢，在“瓢”上创作的大胆尝试中体会写作的“趣味”，课堂不再是概念化的，而是融通在“曲径通幽”，最后达到“柳暗花明又一村”的效果。

五、结论与思考

（一）结论

本课题以“部编版教材”中部分课文为载体，结合课外的文言作品以及中外名家名篇，通过对主题习作单元的分层学习以及对同类文的课外延伸阅读的研究，落实了刻画人物的多元策略的指导、反馈和评价，其中包括人物外貌、人物动作、人物语言、人物心理的描写，通过漫画、夸张、个性化、多视角”等多元的策略，真正激发学生写作的兴趣，切实拓宽学生对人物刻画的视野，培养学生自主写作的能力以及良好的写作习惯。在实践研究过程中，融合教师个体创造与教研组集体智慧，有条理地梳理部编版中高年级习作主题单元教学内容，并在实践研究的过程中及时反思总结，不断优化人物刻画的教学策略，从而提升习作策略的实际效益，并在研究的过程中逐渐形成有效的评价体系。

（二）思考

1. 部编版教材运行已经好几年了，对于它的编排体系以及编者的意图，在摸索中需要不断地总结，在研读过程中还需要进一步细致地去落实现有的在编文本，挖掘出更好的，更值得利用的文本载体，为后续的研究落实打好坚实的基础。

2. 在本次的研究中，体现单元习作序列的内容尚不是很多，或者说考虑得不是十分成熟，如何运用单元阅读和单元习作之间联系有效设计习作教学，依托已有的习作策略，做好二次备课，以便更科学更严谨地使研究延续下去也是我值得思考的问题。

3. 习作教学千千万，每个老师运用的方法和途径都是不一样的，如何更好地研究国内外范例，整合已有的经验，博采众长，让习作教学不只是停留在人物刻画的原点，拓展开去，衍生更多的习作教学资源，更是我下一步要去探寻的目标。

参考文献

[1] 中华人民共和国教育部．义务教育语文课程标准（2011 年版）[S] 北京：北京师范大学出版社，2012.

[2] 张萍．如何在作文教学中培养学生创造性思维能力 [J]. 学周刊，2020(7):53-54.

[3] 陈玉学，孙爱玲．小学中高年级语文作文教学 [J]. 学周刊，2020(7):135-136.

[4] 潘素宁．让写作有味有料、有泪有笑：初中生作文内容空泛、无真情实感之原因及对策初探 [J]. 读与写（教育教学刊），2020，17(2):62-63.

[5] 杨秀珍．小学语文作文教学中层递式教学法应用分析 [J]. 科技风，2020(4):51.

[6] 夏守娟．浅谈作文教学仿写训练策略 [J]. 小学教学参考，2020(3):14.

[7] 朱长凤．课外阅读在小学语文作文教学中的重要性及应用 [J]. 科学大众（科学教育），2020(1):42.

[8] 何敬凤．新课改背景下小学语文作文指导方法创新研究 [J]. 中国校外教育，2020(2):46.

[9] 王霞．小学语文作文教学训练要点分析 [J]. 中国校外教育，2020(2):91-92.

[10] 于晓月．小学语文作文教学中学生实践能力的培养研究 [J]. 中国校外教育，2020(1):58-59.

[11] 杨晶．小学语文阅读教学与作文训练的整合浅探 [J]. 课程教育研究，2020(2):80-81.

[12] 李成荣．小学语文作文教学的训练要点分析 [J]. 课程教育研究，2020(2):104.

[13] 牛桂莲．如何在小学作文教学中培养学生的想象力 [J]. 学周刊，2020(6):118.

[14] 邹晓玲．小学作文教学生活化实施策略分析 [J]. 学周刊，2020(6):119.

[15] 崔菊．课外阅读在小学语文教学中的重要性研究 [J]. 学周刊，2020(6):124.

设置坡度，提升策略，展开故事新编

——《故事新编》（四年级第二学期）教学解析

【摘要】

教师在学生写作过程中缺少指导，尤其在学生“写作后”，存在“不作为”现象。本文作者以部编版教材四年级第二学期的《故事新编》一课，以看图写话中的创新习作作为研究内容，尝试设置坡度，提升同类习作的习作策略，拓宽思维，激发灵感，在新编故事的过程中培养思辨能力，形成良好的习作习惯。

【关键词】

设置坡度 提升策略 故事新编

一、现状关照

从教材方面看，《故事新编》是统编小学《语文》教科书四年级下册第八单元的习作。教材在本单元安排了三篇童话故事，分别是《宝葫芦的秘密》《巨人的花园》《海的女儿》，这几篇经典传颂的童话故事闪耀着“真善美”的光华。学生在学习童话故事的教学过程中，丰富了想象力，激发了学习渴望，增加了学习兴趣，点燃了一定的创作幻想——在充满了想象和趣味的天地里编撰故事。有了单元三篇课文的学习铺垫，学生对叙写童话有了“跃跃欲试”的冲动。在此基础上，本单元的“语文园地”中的“交流平台”，也在一定程度上帮助学生归纳了童话故事的阅读策略——读童话故事感受其奇思妙想，并体会丰富多样的人物形象。有了以上的积淀和渗透，习作《故事新编》便有了一定的能力支撑。

从学生方面看，部编版教材三年级上第二单元有寓言故事的学习，分别是《守株待兔》《陶罐与铁罐》《美丽的鹿角》，学生学会了阅读策略，知道了寓言故事总是告诉我们一个深刻的道理；部编版教材三年级下的第五单元《宇宙的另一边》《我变成了一棵树》以及习作例文《一支铅笔的梦想》和《尾巴它有一只猫》等，为学生创造新思维的打开奠定了基础，学生初步掌握了童话故事如何展开想象的策略，这一点也为学生写好“童话故事”埋下了伏笔；另外部编版教材四年级上的第四单元是一个神话故事的单元，《盘古开天地》《精卫填海》《普罗米修斯》《女娲补天》，各种各样的神话故事，让学生明白了想象力和夸张的写法，使故事充满了神奇的力量。有了前期的知识积淀，再加上学生的年龄特点，对于撰写童话故事是有一定的基础的。会读是一回事，当落笔要具体去写又是另一回事，在教学中教师往往关注了教学整体，忽略了学生的想象合理性、科学性、趣味性。教学中缺乏层次递进的教学方法，教与学形成了“脱钩”状态。

二、目标期待

本节课的目标期待就是能运用新编故事的方法，列提纲，并借助提纲，写一个新编故事的片段。

三、实施策略

审清题意，明确范围；用“云端故事会”的情景切入，再结合教科书中的习作范围，帮助学生选定自己要写的故事。立足书本，拓宽思维；以教科书给予的材料为基准，打开学生的思维路径，明晰习作的策略。构建支架，罗列提纲；排摸提纲中具有特征性的内容，聚焦三类问题进行判定，完成提纲的自主修改。凭借提纲，编织故事：根据已经修改过的提纲，借助提纲写新编的故事，完成自主拟题。

四、案例呈现

课堂回放1

审清题意，明确范围

师：已经预习过了，你知道我们可以新编哪些故事吗？

生1：可以新编《龟兔赛跑》《狐假虎威》《坐井观天》《狐狸和乌鸦》。

师：只能新编这几个故事吗？

生2：也可以另选一个其他的故事。

师：对呀，但是这些故事都有一个共同点，那就是？

生3：熟悉。

（PPT圈出“熟悉”一词）

师：没错，除了书上提到的故事，其他的故事也能选。但是你选的故事应该是你最熟悉的故事，你打算选哪个故事呢？

（学生在评论区打下自己想写的故事名字）

片段阐释

培养学生独立审题的意识和能力，明确本次习作选材的范围。在集体交流互动中，打开学生选材的思路。

课堂回放2

立足书本，拓宽思维

师：新编故事可以从哪儿入手？我们先来看看书上134页上的提示（结局部分）你来读读结局，你有什么发现。

生1：第一第二个分别是双赢和双输，第三第四个一赢一输。

师：假如我们选定其中的一个结局“乌龟又赢了”，接下来干什么呢？我们再看看书上134页的提示（情节部分）

生2：可以想象一下新的故事情节。

▲预设：师生串讲“乌龟又赢了”，可能是因为……也可能是因为……老师归纳——兔子路遇不测、急中出错、遇到诱惑；乌龟遇到了赛道的变化，它又借助了工具。

师：“乌龟又赢了”这个结局，出示：PPT凸显“路遇不测”“急中出错”“遇到诱惑”“借助工具”“……”除了书上写到的情节，你还想到了其他情节吗？（随机批注）

生3：路过一个占卜师，把龟壳当作占卜用的工具，随手一扔，乌龟到了终点。

生4：兔子助人为乐，耽误了时间，输了比赛。

生5：兔子路遇胡萝卜地和白菜地，耽误了比赛，所以又输了。

生6：突然下起了大雨，兔子遭了殃，而乌龟则游到了终点。

生7：乌龟和兔子都跑错了方向，但是乌龟改正了错误，它赢了。

师：你们想象的新故事情节真是新颖有趣，还充满了真善美的光芒呢！

师：你们想象的新故事情节真是新颖有趣，还充满了真善美的光芒！情节都想好了，结局也有了，让我们把他们串起来讲一讲。

（学生串讲）

师小结：我们来新编故事，可以先设定一个故事结局，想象情节的时候可以想想遇到的困难和诱惑，可以想想有利的情况，可以想想利用的工具……然后编出一个新颖有趣的故事情节。

片段阐释

习作页中的文字和示意图，清晰呈现了本次习作的要求和方法。充分运用教材资源，启发学生创意想象，为独立构思自己新编的故事做准备。

课堂回放3

构建支架，罗列提纲

1. 师：（出示：PPT）孩子们，为了开云端故事分享会，上节课我们学习了故事新编，知道了可以先设想一个结局，再想象新颖、有趣的故事情节。最后，我们展开了大胆的想象，给自己新编的故事列了一个提纲。这节课就让我们一起先来交流一下我们的提纲吧！

2. 师：讨论第一个提纲（出示PPT：提纲列举一），我们一起来看看这个提纲，读读看，你觉得故事的情节新颖有趣吗？

生：故事情节新颖有趣。

师：再看看这个提纲，故事情节是新颖有趣了，但是它有什么问题吗？

生：故事情节里只写了兔子，没有写乌龟，既然是龟兔赛跑情节里应该既有兔子又有乌龟，这样情节才完整啊！

师：没错，我们在列提纲时，除了关注情节的新颖有趣，还要关注它是不是完整（PPT“完整”）

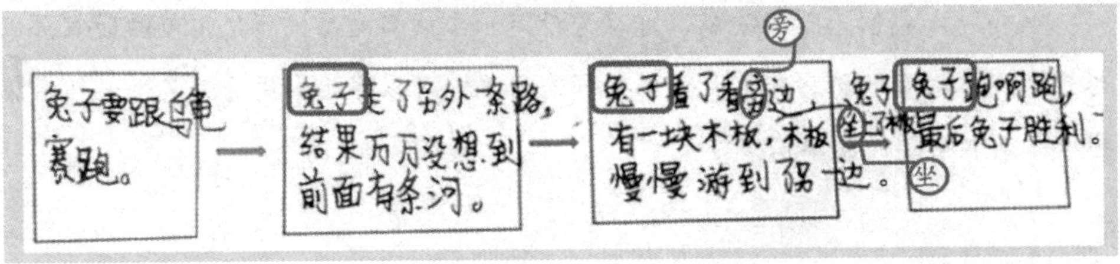

3. 师：讨论第二个提纲（出示PPT：提纲列举二），再来看一个新编《龟兔赛跑》的故事：有一天，兔子又和乌龟比赛。兔子伪装后去向乌龟问路，被乌龟识破。乌龟告诉兔子错误的道路。兔子奋力向前奔去，乌龟则努力地爬。兔子见到前面有一条大河，才知道上当了，马上往回跑。结果，乌龟又赢了。这次乌龟、兔子的情节都有了，情节和结局也和老故事不一样。可是你们觉得有什么问题吗？特别看看这两部分。（PPT加框）

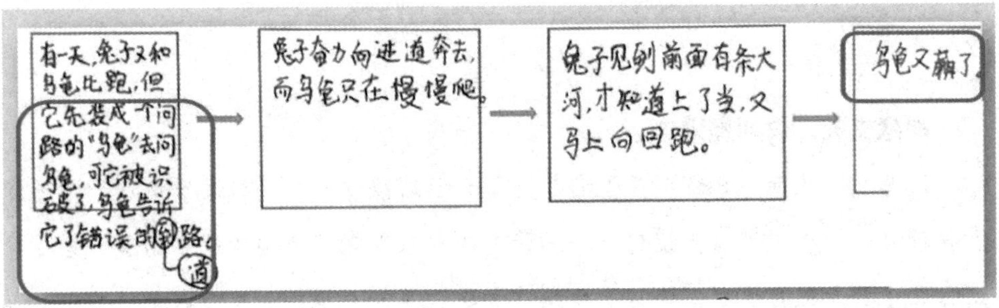

生：乌龟使用了不光彩的行为——欺骗的行为，这个不太好，即使是赢了也赢得不光彩啊！

师：没错，我们在列提纲时，除了关注情节的完整，还要关注它是不是一个真善美的故事（PPT“真善美”）。

4. 师：讨论第三个提纲（出示PPT：提纲列举三），我们小康同学也设计了一张思维导图，大家一起来看看，老师给大家读读，你们仔细听哦！这个故事情节新颖、有趣、完整，还告诉大家一个启示呢！真是太棒了！让我们为小康点赞！（评论区学生回应点赞）再仔细读读看，哪儿有些小问题呢？（用横线画经过部分“主意”的句子）

生：乌鸦姐姐究竟想了哪些主意呢？这儿没有写清楚！

师：那我们帮助小康想想办法，乌鸦姐姐都想了什么主意呢？

生：乌鸦姐姐在肉里调了一些酒，所以狐狸就被迷晕了。

师：你说得真好，你把结局也匹配上了，同样是迷晕，还有什么方法呀？

生：迷药也能把狐狸迷晕的。

师：轻微的迷药给狐狸一个教训也不错，乌鸦姐姐还会想出什么办法吗？如果是让狐狸拉肚子呢？

师：如果我们要给小康的这个故事加一个有意思的题目，你们会选哪一个呢？（评论区打数字）

▲预设：乌鸦胜利了

狐狸失败了

乌鸦姐姐的办法

贪心吃大亏

师：题目可以从人物、中心等不同的角度来取。有趣的，能引起读者好奇心的都是好题目。

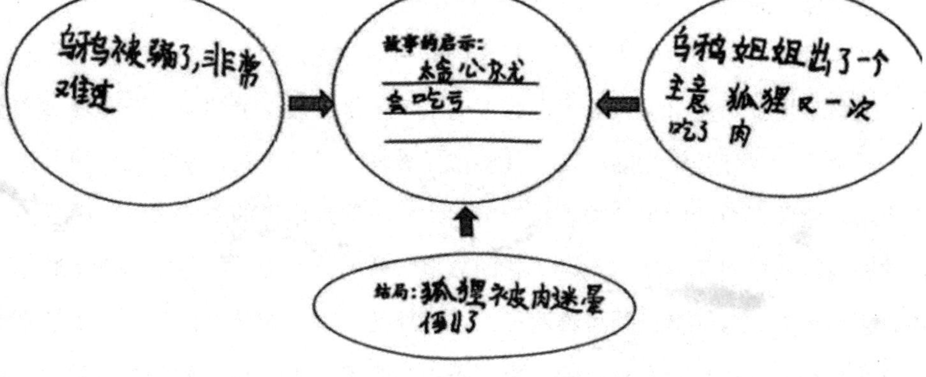

案例阐释

提纲是学生完成习作的支架。纵观学生完成的提纲，所选故事的情节、结局比较新颖、有趣，但其主要问题在于：故事情节缺失、不完整；故事立意存在问题，价值观有偏差；情节不够清晰。在课堂中，选择这样的“典型”指导学生集体评议、修改，提高学生思维水平和编故事的能力，为独立完成习作打下基础。

五、实践反思

部编版教材四年级下第八单元的习作，是在前期学习的三篇故事的基础上，让学生学习新编故事。这篇习作比较符合学生的年龄特点，有一定的趣味性，然而在“趣味性”存在的同时，也具有一定的难度——新编故事该如何入手？故事情节该如何编撰？如何让学生打开思路，丰富写作材料？为了解决这些问题，结合学生的写作现状，我们设计了以上几个指导板块，板块和板块之间有着密不可分的关系，每一个板块之间的衔接既清晰又很紧凑，这样的教学环节的设计，在明晰教学思路的同时，起到了事半功倍的作用。

本堂课努力突破教学中的两个较难的环节，首先是想象新的故事情节，教材给予的故事情节是完整的，考虑已经很周全，但是，教材上的毕竟不是经过学生自己思考的，要打开学生的思路，就要依托教材给予的思路，从不同的角度进行再思考，老师在帮助学生归纳教材情节的时候，通过串讲的方式引导学生寻找思维的路径，从主观和客观的角度对新的故事情节展开合理化的想象，学生通过模仿、再造等方式打开自己的思维路径，寻找新的合理化的故事情节，不少学生的思维是活跃的，也是新颖有趣的，更有不少学生涉及了“真善美”的范畴，这是非常值得褒奖的。其次，列提纲也是本课中需要突破的难点，在本节课之前，我们自三年级时就教会孩子怎么给自己的习作搭建框架，这些个框架有的是“故事山”，有的是“流程图”，还有的是“思维导图”和“表格”，这个长程的训练为今天的呈现打下了比较稳定的基础，为了充分给予学生列提纲的时间，在第一课时后面预留了5分钟。提纲罗列以后，又在第二课时给予充分交流的空间，摸排和摘选出具有特征性的“提纲”，进行再次分类，聚焦以下三类问题：情节缺失、不完整；故事立意存在问题，价值观有偏差；情节不够清晰等问题。让学生针对“典型”的提纲发表自己的观点，提出修改建议。通过集体对提纲的评改，让学生能发现自己提纲存在的同类问题，进而修改和调整自己的提纲。在这个环节里我们还渗透了拟题的训练，借用其中的一个思维导图，呈现拟题，从“角色”和“启示”两个方面拟了4个题目，让学生在选取题目的同时，完成对拟题的认知。

小学语文低年级段看图写话的习作研究，有很多先例，中高年级的看图写话不同于低年段的看图写话，它应该不仅限于文字通达，表达清晰，条理有序，而是有思考的维度，这种思考维度的形成需要师生共同去实践，老师的引导固然重要，学生的课堂资源也是形成有效思维的平台，关注这样的平台，借助部编版教材的内容，切实有效地打开学生的思维，在有效的师生磨合中完成习作，那就会让看图习作闪耀不一样的光彩。

参考文献

[1] 郑苏楠．谈低年级写话教学策略［J］．华夏教师，2019(28)．

[2] 张冠男．小学语文写话策略浅谈：以统编版教材为例［J］．语文教学通讯·D刊（学术刊），2020(2)．

[3] 陈亚莉．小学语文绘本阅读与看图写话相结合指导策略［J］．基础教育论坛，2022(34)．

[4] 朱洁．以读契心 以文解情［J］．小学阅读指南（低年级版），2023(1)．

[5] 孙云．小学语文教学中培养学生看图写话能力的有效方法［J］．天津教育，2023(7)．

[6] 孙玲玲 . 小学语文低年级写话辅导教学探究 [J]. 课外语文，2021(34).
[7] 陶有红 . 小学语文低年级看图写话教学探究 [J]. 智力，2021(36).